伝えたい言葉がすぐ見つかる

日常英会話フレーズ

池田書店

本書の構成と使い方

特徴

アメリカ英語を中心に、日常会話でよく使われている表現を精選しました。

難しい言い回しを避けて、やさしい英語でしっかり伝わります。

本書は、大きく2つのパートで構成されています！

1 ここだけ読んでも便利！～「すぐに使える便利な表現」

会話でよく使われる言い回しや、訪日外国人の方をおもてなしするときに便利な表現を、イラストとともに紹介するカラフルなページです。

今日から使える定番フレーズ 14

会話でよく使われる基本の言い回しを使った、すぐに使えるフレーズを紹介します。

おもてなしの英会話フレーズ

最初に覚えておきたい、おもてなしのフレーズを紹介します。

2 実用性の高い英語表現を集めたフレーズ

コミュニケーションの基本、日常生活、社会との関わり、生活を楽しむ、日本紹介とおもてなし、といったさまざまな切り口のフレーズを全13章にまとめました。

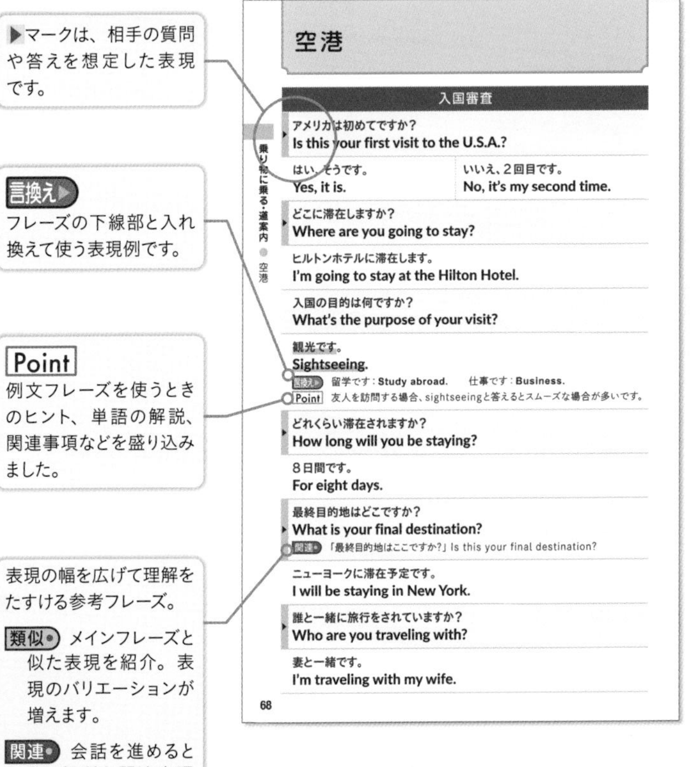
▶マークは、相手の質問や答えを想定した表現です。
言換え
フレーズの下線部と入れ換えて使う表現例です。
Point
例文フレーズを使うときのヒント、単語の解説、関連事項などを盛り込みました。
表現の幅を広げて理解をたすける参考フレーズ。
類似 メインフレーズと似た表現を紹介。表現のバリエーションが増えます。
関連 会話を進めるときに便利な関連表現を紹介。
空港
入国審査
乗り物に乗る・道案内 空港
アメリカは初めてですか？
Is this your first visit to the U.S.A.?
はい、そうです。
Yes, it is.
いいえ、2回目です。
No, it's my second time.
どこに滞在しますか？
Where are you going to stay?
ヒルトンホテルに滞在します。
I'm going to stay at the Hilton Hotel.
入国の目的は何ですか？
What's the purpose of your visit?
観光です。
Sightseeing.
言換え 留学です：Study abroad. 仕事です：Business.
Point 友人を訪問する場合、sightseeingと答えるとスムーズな場合が多いです。
どれくらい滞在されますか？
How long will you be staying?
8日間です。
For eight days.
最終目的地はどこですか？
What is your final destination?
関連 「最終目的地はここですか？」Is this your final destination?
ニューヨークに滞在予定です。
I will be staying in New York.
誰と一緒に旅行をされていますか？
Who are you traveling with?
妻と一緒です。
I'm traveling with my wife.
68

■フレーズ中の記号について

- 例文の中で、[ ] でくくった単語は直前の単語と入れ換えられます。
- "he/she" など / で区切られた単語は、状況によってどちらか片方を使います。

CONTENTS

第3章　乗り物に乗る・道案内

第４章　レジャー・観光・スポーツ

第５章　外食をする

第6章　ショッピング

第7章　美容・健康

第8章　宿泊

第9章　暮らしの中で

第10章　人間関係・コミュニケーション

第11章　日本紹介とおもてなし

第12章　社会生活の中で

第13章　トラブル・災害

「伝えたい・聞きたい気持ち」を言葉に乗せて

今日、観光・留学・仕事などで海外での生活を経験する日本の人々が増える一方、海外からも多くの外国の方々が日本を訪れるようになっています。国内でもお店での接客をはじめ、**英語を使ったコミュニケーションを避けて通れない場面**が増えてきました。

そこで、日常生活のさまざまな場面で互いに**どのように会話のキャッチボールをしていくか**を意識したフレーズの蓄積が、ますます大切になっています。本書には、そんな日常生活での会話をスムーズに進めるときに役立つ表現がたくさん詰まっています。ぜひ、実際の場面で活用していただければ幸いです。

とはいえ、いざ英語を話そうとすると失敗を恐れて緊張のあまり声が出てこなかったり、わかっているはずの単語がとっさに浮かばなかったりすることも多いでしょう。このようなときにいちばん大切なのは、自分が相手に**伝えたい・聞きたい**と思っている気持ち。今や、英語は世界中で話されている言葉です。海外のニュースやドキュメンタリー、映画やドラマを見ていても、いろいろな国の人々が英語を話しています。アクセントも多様です。国によって発音に幅があるのは当たり前ですし、英文法が完璧でなくても伝わります。

会話のポイントは、**何といってもコミュニケーション**。あいさつのひと言からでもかまいません。どんどん自分から話し掛けてみましょう。

序　章

すぐに使える便利な表現

今日から使える定番フレーズ14

観光 おもてなし
日本国内で海外の人をサポート

すみません。

Excuse me, ～ .

Excuse me,
could you take our picture?

◆何か尋ねたいときなどに最初の声掛けとして使います。日本語の「ちょっとすみませんが」「失礼！」というようなニュアンスです。

◆人ごみで誰かにぶつかってしまったとき、狭い通路で相手の脇を通り抜けたいときなどにも使います。ただし、謝罪の気持ちを込めて謝るときには、**I'm sorry.** を使います。

使ってみよう

すみません、ブラウンさんですか？
Excuse me, are you Mr. Brown?

すみません、私たちの写真を撮ってもらえますか？
Excuse me, could you take our picture?

すみませんが、ここは私の席だと思いますが。
Excuse me, but I think this is my seat.

～をお願いします。
～, please. / Please ～.

◆単語や文章の前後につけるだけで、簡単に「お願い」の表現になります。また、**May I ～? ／ Would you ～?** などのお願い表現につけると、より丁寧な表現になります。

◆ **please** は、命令文と組み合わせて使うことができます。

使ってみよう

荷物を預かってください。
Please keep my baggage.

お勘定をお願いします。
Check, please.

1つずつ包んでいただけますか？
Would you wrap them separately, please?

～していただけますか？
Could you ～？/ Would you ～？

Would you microwave
this for three minutes?

- **Could you ～？**は相手に何かしてもらいたいときに、丁寧にお願いする表現です。文末に **please** をつけると、より丁寧な表現になります。
- **Would you ～？**も、**Could you ～？**と同じように使います。
- **Can you ～？**は、**Could you ～？**のカジュアルな表現です。仲間内や友人同士、あるいはショッピングやレストランなどで気軽に使えます。

使ってみよう

チェックインまでの間、荷物を預かっていただけますか？
Could you keep my baggage until I check in?

これ、電子レンジで３分間温めていただけますか？
Would you microwave this for three minutes?

おすすめのシーフード料理を教えてもらえますか？
Can you recommend a good seafood dish?

〜（するの）はいかがですか？

Would you like (to) 〜 ?

Would you like
another cup of coffee?

◆「〜はいかがですか?」と、より丁寧に提示するときの表現で、レストランやお店のスタッフが接客するときなどによく使います。

◆また **Would you care for 〜 ?** も同じ意味で使えます。

使ってみよう

コーヒーをもう 1 杯いかがですか？
Would you like another cup of coffee?

焼きそばを注文してみましょうか？
Would you like to order yakisoba?

デザートはいかがですか？
Would you care for dessert?

～はありますか？

Do you have ～？

Do you have a menu in Japanese?

◆特定のものの有無を尋ねる表現です。ここでの **have** は、「売っている」「（設備などを）備えている」「サービスがある」という状況や状態を表します。

◆ **I'm looking for ～.**「私は～を探しています」も同じ意図で使えます。

◆お店のスタッフに尋ねるときは、**Do you carry ～？**「～を扱っていますか?」といってもよいでしょう。

使ってみよう

日本語のメニューはありますか？

Do you have a menu in Japanese?

M サイズを探しているのですが。

I'm looking for a medium.

何か日本の食材を扱っていますか？

Do you carry any Japanese food?

～はありますか？ ／ ～はどこですか？

Is there ～ ? / Where is ～ ?

◆場所やもののありかを尋ねる表現として、**Is there ～ ?**「～はありますか?」や、**Where is ～ ?**「～はどこですか?」もあります。

◆ **Is there ～ ?** は、実際にある場所やもの以外に、何かやってほしいことがあるかどうかを尋ねるときにも使います。

使ってみよう

このあたりに郵便局はありますか？

Is there a post office around here?

病院はどこですか？

Where is the hospital?

ほかにお役に立てることはございますか？

Is there anything else that I can assist you with?

～してもいいですか？

Can I ～？/ May I ～？/ Could I ～？

Could I have a wake-up call?
FRONT

◆ **Can I ～？**は 3 つの表現の中で最もカジュアルな表現です。「～してもらえる?」という意味合いが込められるときもあります。

◆ **May I ～？**は、**Can I ～？**より丁寧かつフォーマルな表現として使われます。目上の人や、立場が上の人に対しても使います。

◆ **Could I ～？**は3つの表現の中で最も丁寧で、フォーマルな表現です。

使ってみよう

予約できますか？
Can I make a reservation?

トランクに荷物を入れていいですか？
May I put my baggage in the trunk?

モーニングコールをお願いしてもいいですか？
Could I have a wake-up call?

～はどのようにすればいいですか？

How do I ～？

◆初めての土地や文化に出合って、どうしたらよいかわからない、といった場面で活躍する表現です。裏返すと、訪日外国人の人たちからもよく尋ねられる表現といえます。

◆方法を尋ねるとき、**I** の代わりに **you** を使うこともあります。「あなたは～をどうやるのですか?」という意味ですが、質問の意図は同じです。

使ってみよう

ショッピングモールへはどう行けばいいのですか？
How do I get to the shopping mall?

そのチークをどうつけたらいいか、教えてもらえますか？
How do I apply the blush?

これはどうやって食べるのですか？
How do you eat this?

～にします（それをください）。
I'll take ～. / I'll have ～.

◆ **I'll take ～.** は、買い物で「それをいただきます」「これにします」と店員に伝えるときに使う決まり文句です。

◆レストランなどで食べ物や飲み物を注文するときは、**take** も使えますが **have** もよく使われます。P.23 の **I'd like ～.** も、料理を注文するときによく使われる表現です。

使ってみよう

10 個入りを 2 箱ください。
I'll take two 10 packs.

ラザニアとほうれん草サラダにします。
I'll have the lasagna and a spinach salad.

カフェイン抜きのコーヒーをお願いします。
I'll have a decaf coffee.

～が欲しい（～したい）のですが。

I'd like (to) ～ .

◆ **I'd like ＋名詞**で「私は～が欲しい／～をください」という意味になります。また、名詞の代わりに **to＋動詞** を続けると、「私は～がしたい」という意味になります。

◆似た表現に、**I want ～. / I want to ～.** があります。**I'd like ～.** よりも意向が強く、またストレートに伝わる表現です。

使ってみよう

窓側の席をお願いします。
I'd like a window seat.

これを試着したいのですが。
I'd like to try this on.

オーブンを予熱にしたいのですが。
I want to pre-heat the oven.

～はどうですか？

How about ～？

◆「～はどうですか?」あるいは「～についてはどう思いますか?」などと相手の意見を聞くときにも使います。

◆「(一緒に) ～しませんか?」と、お誘いのニュアンスを持たせることもできます。この表現のあとには名詞（動名詞）が続きます。

◆より親しみを込めた表現に **Why don't you ～?** があります。ただし、言い方によって、「何でしないの?」という強い表現になるので注意しましょう。

使ってみよう

これを注文してみんなで分けるのはどうですか？

How about I order this and we all share?

ウィスキーを少しどうですか？

How about some whiskey?

両方買ったらどうですか？

Why don't you buy both?

～はいかがですか？

How do you like ～？

How do you like Japan so far?

◆相手の印象を尋ねる表現です。好き嫌いだけではなく、どういう感想を持ったかを聞くニュアンスがあるので、次の会話に発展させやすい表現です。

◆飲食店などで帰り際のお客さんに料理の印象を尋ねるような場面では、**How did you like ～？**と過去形を用います。

◆ **How would you like ～？**と言うとより丁寧な表現になります。

使ってみよう

これまでのところ、日本はいかがですか？
How do you like Japan so far?

お食事はいかがでしたか？
How did you like the food?

座禅に参加してはいかがですか？
How would you like to try Zazen?

私は～する必要があります。
I need to ～ .

◆何かを「する必要がある」という意味で、文脈によって「～をしなくては」「～をやらなくちゃ」などというニュアンスになります。

◆似た表現の **have to** ～「～しなければならない」や **must**「～しなければならない」に比べて強制力が弱くなります。

使ってみよう

途中で乗り換える必要がありますか？
Do I need to transfer?

ノートパソコンのバッテリーを充電しなくては。
I need to recharge my laptop battery.

酔いをさまさないと。
I need to sober up.

～したほうがいいです。

You should ～.

You should try this bath additive.
BATH BOMB

◆ **should** は「～すべきである／したほうがよい」と訳されることが多いのですが、会話の中では、「～したほうがいいですよ」と相手に注意を促したり、「～すればいいのでは」とアドバイスや提案をするときに使われます。

◆ **You need to ～.** も同じような意味合いで使われます。

使ってみよう

おそらく予約しておいたほうがいいですよ。
You should probably make a reservation.

この入浴剤を試してみるといいよ。
You should try this bath additive.

すぐに銀行に連絡したほうがいいよ。
You should contact the bank right away.

観光
おもてなし

日本国内で 海外の人をサポート

ここでは、最初に覚えておきたいおもてなしのフレーズ例を場面別に紹介します。基本的な表現の組み合わせでスマートな対応が可能です。

観光のサポート

希望を尋ねる

どこか行きたいところはありますか？
Is there somewhere you want to go?

もう東京タワーには行かれましたか？
Have you been to Tokyo Tower yet?

まだでしたら、ご一緒しませんか？
If you haven't, would you like to go with me?

Point ▶ まず相手の希望や予定を確認してから提案、という２段がまえで尋ねるとよいでしょう。

MORE PHRASES ◆ スケジュールの確認

明日のご予定はどうなっていますか？
What is you plan for tomorrow?

今日と明日はどこかへご案内できますよ。
I can show you around today and tomorrow.

観光地を案内

あのスポットから写真を撮るといいですよ。

You can take a nice picture from that spot.

あなた方のお写真をお撮りしましょうか？

Would you like me to take a picture for you?

荷物を入れておくロッカーがありますよ。

There are lockers where you can put your luggage.

おみやげに招き猫はどうですか？

How about a beckoning cat for a souvenir?

Point ▶ 旅行者の視線で最低限必要と思われるポイントを押さえて、観光を楽しんでもらいましょう。

MORE PHRASES ◆ 交通・通信

どちらへ行きたいのですか？
Where do you want to go?

タクシーを使ったほうがいいですよ。
I think you should take a taxi.

あそこのお店で Wi-Fi が使えるようですよ。
You can use Wi-Fi at that shop.

おもてなし

販売店で

いらっしゃいませ。
May I help you?

何をお探しですか？
What are you looking for?

試着室はあちらです。
The fitting room is over there.

いかがですか？
How do you like it?

Point ▶ 販売店の対応は短いフレーズで伝えられる場合も多いです。

お買い物はお済みですか？
Are you all set?

MORE PHRASES ◆ コンビニ・スーパーで

お会計はこちらでお願いします。
I can take the next customer here.

こちらを電子レンジで温めますか？
Do you want to microwave this?

レジ袋は有料です。ご入用ですか？
Plastic bags are extra. Would you like one?

おもてなし

飲食店で

英語のメニューはこちらです。

Here is an English menu.

ご注文はお決まりですか？

What would you like to have?

もう１杯いかがですか？

Would you like another one?

（お食事は）いかがですか？

How's everything?

Point ▶ How's everything? は、「何かご用があれば伺いますよ」という合図のようなフレーズ。

MORE PHRASES ◆ 気配り

何か食べられないものはありますか？
Do you have any dietary restrictions?

フォークのほうがいいですか？
Would you prefer a fork?

わさびは食べられますか？
Are you OK with wasabi, Japanese horseradish?

あいさつ

Welcome の言葉

初めまして。
Nice to meet you.

長旅、お疲れ様です！
You've had a long trip!

ホテルでゆっくり休んでください。
Please rest well at your hotel.

あいさつ

別れの言葉

気をつけて。
Take care.

よいご旅行を！
Have a wonderful trip!

何かあったら連絡してください。
Keep me posted.

MORE PHRASES ◆ お店でお見送り

お食事はお楽しみいただけましたか？
Did you enjoy your meal?

ありがとうございました。またお越しください！
Thanks and come again!

第 1 章

コミュニケーションの始まり

あいさつ
名前や家族・友人を紹介
自己紹介

あいさつ

最初のひと言

こんにちは。
Hello. / Hi.

やあ。
Hey.

Point　Hello. / Hi.よりくだけた表現です。Yo. / 'Sup.という、さらにくだけた言い方もあります。

おはよう。
Good morning.

Point　午前中のあいさつです。時間帯によって少しずつ使う単語が変わります。
例 Good afternoon.「こんにちは」（正午から日没または夕食前の時間帯）
Good evening.「こんばんは」（夕暮れの時間帯以降）
Good night.「おやすみなさい」（寝る前や別れ際）
Goodを省略してMorning. / Afternoon. / Evening. / Night.と言うこともあります。

知り合いに

久しぶりだね！
Long time no see!

来てくれてうれしいです！
I'm so glad you came!

やっと来たね！
You're finally here!

Point　電車が遅れて約束の時間に到着できなかった人に対して、「やっと到着したね」というときなどに使います。ここでのfinallyは「ついに、ようやく、やっと」という意味合いです。

さあ、入って。
C'mon in!

Point　Come on in!の省略形です。

あなたとまたお会いできてよかったです。
It's good to see you again.

最後にお会いしたのはいつでしたっけ？
When was the last time we met?

すみません、ブラウンさんですか？
Excuse me, are you Mr. Brown?
関連 「私のこと覚えてますか?」Do you remember me?

初めて会った人に

初めまして。
Nice to meet you. / It's good to see you.
Point 初対面のときによく使われます。相手から言われたら、Nice to meet you, too.というふうに、tooをつけて繰り返せばOKです。

お会いできてうれしいです。
It's a pleasure to meet you.
Point 上記よりフォーマルな表現です。
類似 「お目にかかれて光栄です。」It's an honor to meet you.（尊敬している人に対して）

お名前をもう一度お願いできますか？
Could you say your name again, please?

ケントです。佐藤ケントです。
I'm Kento. Kento Sato.
Point 自己紹介のときに名前を伝える表現は、P.40も参照してください。

お会いするのを楽しみにしていました。
I've been looking forward to meeting you.
Point 返事する相手に同じ気持ちを伝えるなら、Same here.と答えます。

名刺をお持ちですか？
Do you have a business card?
Point 「お名刺をいただけませんか?」と、相手にお願いするときにも使えます。
関連 「私の名刺です。」Here's my business card.

様子を尋ねる

お元気ですか？
How are you (doing)? / How's it going?
Point アメリカでは、お店に入ったときに店員からもこのように親しく声を掛けられることもあります。

とてもいいですよ。
Pretty good. / Fine, thank you.

類似 「いたって快調です。」Absolutely fine.
関連 「まあまあです。」Not bad.

調子はどう？
What's up?

Point 親しい相手に対して使う表現で、How are you? やHow's it going? よりくだけた印象になります。答え方はNothing. / Not much. / What's up? など。上記のPretty good. やFine, thank you. は使いません。

あなたはどうですか？
How about you?

最近の調子はどうですか？〈しばらく会っていなかった人に〉
How have you been?

元気でしたよ。
I've been fine.

Point 上記に対する答え方です。具体的な近況を添えてもいいですね。
例「先月、長崎に行きました。」I went to Nagasaki last month.

別れのあいさつ

さようなら。
Goodbye. / Bye.

Point 親しい間柄や仲間内では、気軽にBye. と言うのが一般的です。

じゃあね。〈仲間内で使うポピュラーな表現〉
See you (later).

類似 「またね。」See ya. / Talk to you soon. (yaはyouの略語)
「また会いましょう！」See you next time! (少し改まった表現)

すみません、もう行かなくては。
Sorry, I have to go now.

もう帰ってしまうのですか？
Are you leaving already?

関連 「もう少しいてください。」Please stay a little longer.

気をつけて。
Take care of yourself.

Point Take care. だけで使うこともあります。

よい一日を（お過ごしください）。

Have a nice day. / Have a good one.

Point Have a good one. は日中だけでなく夜間にも使える表現です。

類似 Have a nice 〜のあとに続く言葉を、時間帯ごとに変えて使うこともできます。

例 Have a nice afternoon.（正午から日没または夕食までの時間帯）
Have a nice evening.（夕暮れの時間以降）
Have a good rest of your day. / Have a good night.（夜間に使う）

連絡を取り合いましょうね。

Keep in touch.

Point 別れ際に「定期的に連絡が取れるようにしようね」と伝えるときに使います。in touchは「（人などに）連絡して／接触して」という意味です。

何かあったら連絡してください。

Keep me posted.

Point ここのpostは「最新情報を知らせる」という意味です。ある事柄について、最新の情報を知らせてほしいと相手にお願いするときに使います。

お招きいただきありがとうございました。

Thank you for having me.

関連 「いつでもまた来てください。」You're welcome back anytime.
（ホスト側がお客に対して使う）

あなたに会えて本当によかったです。

It was very nice meeting you.

Point 初めて会った人と別れるときに使います。あらためて握手しながらGoodbye. などをつけ加えれば完璧。なお、招待されたお宅に入るときには、havingではなくinvitingを使って、Thank you for inviting me (tonight). などとあいさつします。

楽しく過ごせました。

I had a good time. / I had a nice time, thank you.

ぜひまた来てください。

Please come again.

近いうちにまたお会いしましょう。

Let's meet again soon.

類似 「またお会いしましょう。」See you later.

ご自宅まで気をつけて帰ってください。

Have a safe trip home!

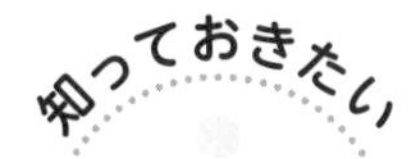

ジェスチャーのいろいろ

ジェスチャーはコミュニケーションの大切な要素。ただ、日本で使われるジェスチャーと意味が違ったり、どこの国でも避けるべき悪い意味を持つ場合があります。また、国によって意味が違う場合もあるので注意しましょう。

いいね!

親指だけを立ててほかの指を握り、上に向けるしぐさは、欧米諸国や日本では同意や相手をほめるときに使います。あまり大きく揺らすと「向こうだよ」という別の意味になります。

それは私です
(胸に手を当てる)

自分のことを示します。人さし指で自分の鼻を示しても通じません。

強調したいのはココ
(エアクォーツ)

会話中に両手のピースサインをチョンチョンと曲げるしぐさ。指で「“ ”」(クォーテーションマーク)を表現し、話している単語を強調・引用(ときには皮肉・反論の気持ち)を示します。

幸運を祈る!

人さし指と中指を立てて、中指を人さし指の後ろに交差させるしぐさは、願いがかなうように祈る Good luck! を表します。欧米では cross one's fingers などと呼び、十字架を表しているとも言われています。

やめておいたほうがいいよ

首もとで手を下に向け、横に振るしぐさ。英語でいうと cut it out で、相手に「まずいから、やめておいたほうがいいよ」などと言葉に出さずに伝えるときに使います。

まあまあだね

軽く広げた手のひらを下に向けてひらひらさせます。英語で言うと so-so で、良くも悪くもない微妙なときに使います。

おいでおいで

相手に来てほしいときは、手のひらを上にして手招きします。日本の手のひらを下に向けた手招きは、アメリカや地中海圏以外のヨーロッパでは、「あっちに行け」という意味になります。

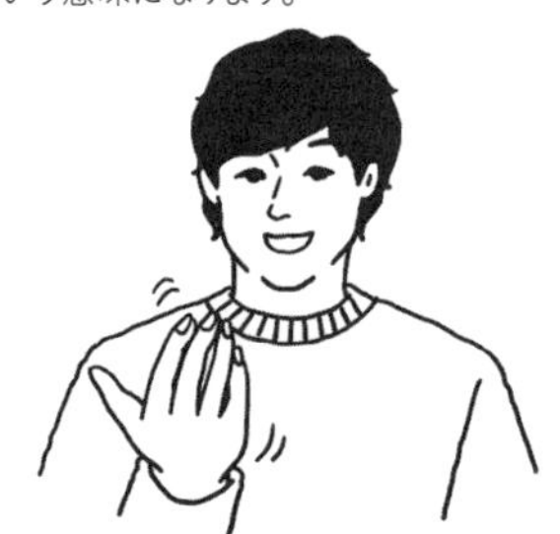

臭（くさ）いです

手を立てて左右にふるしぐさは、「臭い」の意味。いらないときは、言葉でNo.としっかり伝えます。

そのほかに

「中指を立てる」のは、欧米では最大級の罵倒表現。絶対にやめましょう。「親指を下に向ける」しぐさも相手を不愉快にさせます。

英語圏の国々にはさまざまな宗教を信仰する人々がいます。例えば、信仰上、左手は不浄とされている場合があるので、おみやげなどは必ず右手で渡すようにします（「左利き」は通用しません）。

欧米では、人前で鼻水をすする行為は相手をたいへん不快にさせるマナー違反です。仕方がないときは静かに鼻をかむか、トイレで思いっきりかみましょう。

名前や家族・友人を紹介

名前を尋ねる・伝える

あなたのお名前を聞かせてもらえますか？
Can I have your name, please?

Point 会社や病院、ビジネスなどでよく使われます。May I have your name?「お名前を伺えますか?」は、ホテルのチェックインなどで使われる礼儀正しく丁寧な表現ですが、日常の会話ではあまり使いません。

類似 「あなたのお名前は?」What's your name?
（同世代など気軽に聞ける相手に）

お名前をお聞きしていませんでした……。
I didn't ask your name...

Point タイミングを逃して会話の最後のほうまで相手の名前を尋ねられなかったときに便利な表現です。

私はデボラ・スミスです。
I'm Deborah Smith.

Point My name is Deborah Smith.「私の名前はデボラ・スミスです」と言ってもよいでしょう。こちらのほうが少し丁寧な印象を与えます。

デビーと呼んでください。
Please call me Debbie.

かわいいお名前ですね。
That's a cute name.

あなたを何と呼べばいいですか？
What should I call you?

私のことはマリと呼んでください。
You can call me Mari.

お名前はどのようにつづりますか？
How do you spell your name?

M、A、R、I、K、Oです。
It's spelled M-A-R-I-K-O.

「ま・り・こ」……この発音で合っていますか？

Ma-ri-ko ... am I saying it right?

類似 「発音は合っていますか?」Am I pronouncing it right?

漢字の真理(まり)には「真理(しんり)・真実」という意味があります。

The kanji for Mari means truth.

家族や友人を紹介

私の友人の翔太を紹介します。

I'd like you to meet my friend Shota.

Point I want you to meet～ というと、少しカジュアルな表現になります。

翔太、メアリーを紹介するね。メアリー、彼は翔太だよ。

Shota, this is Mary. Mary, this is Shota.

Point カジュアルな場面で、手短かに紹介する言い方です。

私の家族を紹介させてください。

Let me introduce my family to you.

私の父です。

Please meet my father.

Point This is my father. / Here is my father.と言っても同じ意味になります。

こちらは私の兄のトミー、それから妹のマリアです。

This is my elder brother Tommy, and my little sister Maria.

Point brotherやsisterの前にelder / older / bigをつけて年上を、younger / littleをつけて年下の兄弟であることを示します。

WORDS ✧ 家族・親戚

父	father	母	mother	兄弟	brother
姉妹	sister	夫	husband	妻	wife
息子	son	娘	daughter	祖父	grandfather
祖母	grandmother	孫息子	grandson	孫娘	granddaughter
おば	aunt	おじ	uncle	いとこ	cousin
おい	nephew	めい	niece	義理の～	～ in law

自己紹介

出身地

ご出身（の国）はどちらですか？
Where are you from?

日本から来ました。
I'm from Japan.

私は東京で育ちました（東京育ちです）。
I grew up in Tokyo.

Point 出身地を答えるときの言い方です。I was raised in Tokyo.と言ってもよいでしょう。raiseには「育てる、養う」という意味があります。

新潟県出身です。
I'm from Niigata prefecture.

Point 出身地を答えるときの別の表現です。I come from Niigata.という言い方もあります。

日本酒やお米、海産物で有名です。
It's well-known for its sake, rice, and seafood.

あなたはどちらに住んでいるのですか？
Where do you live?

私は世田谷区に住んでいます。
I live in Setagaya Ward.

Point 会話では、例えば「私は札幌市に住んでいます」I live in Sapporo.というように、市や町の名前のあとにCity / Townをつけないのがふつうです。また、つける場合でもSetagayaku / Kawasakishiと区や市までローマ字読みで伝えてもいいのですが、そのときにCityやTownをさらにつけないように注意しましょう。
例 Setagayaku Ward × Setagaya Ward ○

父は会社員で、母は主婦です。
My father is an office worker, and my mother is a housewife.

言換え 学校の先生：**a teacher** 看護師：**a nurse**
関連 「父は会社を経営しています。」My father owns his own business.

実家は農家です。
We're a family of farmers.

家族

お子さんは何人ですか？

How many children do you have?

Point 日本でよく使う言い回しの「何人家族ですか?」よりも、「お子さんは何人ですか?」「ごきょうだいは何人ですか?」という尋ね方のほうがより使われます。ちなみに「何人家族ですか?」はHow big is your family?と言い、答えるときは「3人家族なんですよ」We are a family of three.などと答えます。

息子が２人います。

I have two sons.

お２人ですか？　お子さんたちはおいくつですか？

Two? How old are they?

上の息子が１０歳で下が７歳です。

The older son is ten and younger son is seven.

Point 子どもが3人以上いる場合、「いちばん年上」はoldest、「いちばん年下」はyoungest / the baby of the family、「真ん中っ子」はmiddle childと言います。

ごきょうだいはいますか？

Do you have any siblings?

Point siblingは性別や年齢に関係なく、兄弟姉妹を指す言葉です。答えるときは、brother / sisterを使って具体的に答えます。

姉（妹）が２人います。

I have two sisters.

一人っ子です。

I'm an only child.

関連 「3人きょうだいの真ん中です。」I'm the middle child.

夫と息子がいます。

I have a husband and a son.

住まい

家族と一緒に住んでいます。

I live with my family.

Point with my familiyの代わりにat homeも使えます。parents' house「両親の家＝実家」という表現もよく使います。

関連 「彼氏と一緒に住んでいます。」I live with my boyfriend.

私の家は駅から徒歩５分のところにあります。
My house is a five minute walk from the station.

マンションで１人暮らしをしています。
I live in an apartment by myself.

Point 日本語のマンションは和製英語です。「賃貸」だったらapartment、「分譲」だったらcondominium（略してcondo）と呼びます。英語のmansionは「大邸宅、お屋敷」という意味なので要注意。なお、by myselfは「１人で」という意味です。

一戸建て住宅に住んでいます。
I live in a house.

私はルームメイトとシェアハウスしています。
I share a house with a roommate.

Point share a house with ～ で「～と共同生活する／シェアハウスする」という意味になります。アパートの場合はhouseをapartmentに置き換えればOKです。

職業

お仕事は何ですか？
What do you do (for a living)?

Point What is your job? / What's your occupation? / What kind of job do you have?も同じ意味でよく使われる表現です。

私は会計士です。
I'm an accountant.

言換え エンジニア：**an engineer**　販売員：**a salesperson**

私は営業職です。
I work in sales.

言換え 広報：**public relations**　企画：**planning**
マーケティング：**marketing**

Point work inには「～を専門に扱う」「～（業界）で働く」という意味があります。

どちら（の会社）でお勤めですか？〈相手の勤務先の会社名を聞くとき〉
Who do you work for? / What company do you work for?

類似 「お勤め先はどこですか？」Where do you work?
（会社名、会社の所在地のどちらを聞くときにも使える）

私はABC会社に勤めています。
I work for ABC Company.

会社を経営しています。

I run a company.

Point　runには、「経営する、管理する」という意味があります。a companyの代わりにmy own businessと言っても同じような意味になります。

フリーのライターです。

I'm a freelance writer.

言換え▶　SE：**system engineer**　　デザイナー：**designer**

私は副業で民泊をやっています。

I have a side job running a B&B.

言換え▶　家庭教師：**tutoring**　　家事代行：**housekeeping**

私はイースタン大学で学んでいます。

I study at Eastern University.

環境科学を学んでいます。

I'm studying environmental science.

今の仕事は楽しいですか？

Do you enjoy your current job?

はい、気に入っています。

Yes, I'm happy with my job.

まあまあですね。

I guess so.

WORDS ✣ 職業

経営者	manager	公務員	public servant
自営業	self-employed	会社員	office worker
医師	doctor	看護師	nurse
介護士	caregiver	保育士	child care worker
教師	teacher	機械工	mechanic
弁護士	lawyer	エンジニア	engineer
料理人	cook	作家	writer
プログラマー	programmer	建築家	architect
大工	carpenter	美容師	beautician / hair stylist

ペット

ペットを飼われていますか？
Do you have any pets?

犬を１匹飼っています。
I have a dog.

犬の名前は何ですか？
What's your dog's name?

ナナって言います。
Her name is Nana.

Point 会話ではペットに対してitを使わずhim / herを使いましょう。動物嫌いと誤解される可能性があります。

類似 「ナナって呼んでいます。」I call her Nana.

犬種は何ですか？
What kind of dog? / What is the dog breed?

Point breedは人間が作り出した品種を示すことが多いようです。

関連 「トイ・プードルとマルチーズのミックスです。」Toy Poodle and Maltese mix.

アメリカではどんな犬種が人気ですか？
What're the most popular dog breeds in America?

毎朝、散歩に連れて行ってます。
I take her/him for a walk every morning.

うちの猫は暇さえあれば寝ているんですよ。
My cat naps whenever she/he has a chance.

あっという間に大きくなって、食事がたいへんなんです。
She/He got big so quick it's hard to feed her/him.

Point feedは動物だけでなく人間の赤ちゃんに対しても使います。

自分の子どものようにかわいいんです。
I love her/him like she/he were my own child.

あなたは犬派ですか、猫派ですか？
Are you a dog person or a cat parson?

うちのマンションはペット禁止なんです。
Pets aren't allowed in my apartment.

第 2 章

気持ちを伝える

同意・反対する
あいづち
感謝・おわび
ほめ言葉・励まし
ポジティブな気持ち
ネガティブな気持ち

同意・反対する

同意する

はい。／はい、お願いします。

Yes. / Yes, please.

Point 返事をYes. / No.のひと言ですませると、時と場合によっては相手に失礼に聞こえてしまいます。英語でもシチュエーションによって、表現を変えることが大切です。

いいですよ。

OK. / Sure. / Cool.

Point 気軽に同意を表す表現です。会話でとてもよく使われます。OKはOkayとも書きます。

わかりました。

I see. / I understand. / I've got it.

Point 「なるほどね」と軽くあいづちを打つときにも使います。

承知しました（了解しました）。

Certainly. / Understood. / I've got it.

Point Sure. / I got it.と同じような意味で使います。目上の人や上司などに対してはCertainly.を使ったほうがよいでしょう。

もちろん。

Of course.

Point 発音は「オヴコース」とfの音が濁ります。

ぜひ、喜んで。

I'd love to.

Point I'dはI wouldの省略形で、I'd love to 〜は「ぜひ、喜んで〜したい」という意味です。お誘いを受けるときに使います。

すばらしい。／いいですね。

Great. / Sounds good.

Point That sounds good. / Sounds great.も同じ意味でよく使う表現です。「いいね」とあいづちを打つときにも使います。

類似 「それでいいです。」That's fine. / That'll be fine.

問題ありません。

No problem.

そうですよね（同意します）。

I agree. / You've got it.

Point Right. / You're right. / Exactly. / Definitely.も同じような意味で使います。I agree with her opinion.「彼女の意見に同意します」など、withのあとに何に賛成するかを続けて示すこともできます。

それで文句ありません。

That's fine with me. / I'm cool with that.

Point coolにはOK. / Sure.などと同様、「いいよ」と相手の意見に同意する意味があります。

関連 「それで問題ない?」Is that cool with you?

あなた次第です。

It's up to you. / It's your decision.

Point up to youで、「あなたに決定権がある」という意味です。youの代わりにhim / her / themや人名を入れることができます。

例「それはリオナ次第だね。」It's up to Leona.

関連 「あなたの決定に従います。」I will follow your decision.

反対する

いいえ。／いいえ、けっこうです。

No. / No, thank you.

Point Yes. / Yes, please.の反対表現。No, thank you.は相手の申し出を断るときの丁寧な表現。No, thanks.というと少しくだけた印象になります。

大丈夫です（間に合っています）。

I'm good. / I'm fine. / I'm OK.

Point 婉曲的に「ノー」という意味を伝える日常表現です。Thank you. / Thanks.と組み合わせて使えば、相手に謝辞を示しながら断る表現になります。

悪いけど、興味ありません。

Sorry, but I'm not interested.

Point その件については話す気持ちがないことを直截的に伝える表現。ものを売りつけようとする相手や、道ばたの宗教勧誘などを断るときに使います。

悪いけど、できません。

Sorry, but I can't.

Point 相手の要望を、丁寧に断るときの表現です。

関連 「ぜひやりたいのですが、できないんです。」I'd love to, but I can't.
「すみません、お手伝いできません。」Sorry, I can't help you.

やめておきます。
I'd rather not.

それは違います。
It's not correct. / That's wrong. / That's incorrect.

Point 事実が違うことを指摘する表現。「あなたの意見」が間違っているときは、You are wrong.と言います。

同意できません（反対です）。
I disagree.

Point I agree.の反対表現。

反対です。
I'm against it.

Point 「賛成です」はI'm for it.と言います。

私はそうは思いません。
I don't think so.

わかりません。
I don't understand. / I don't get it.

Point 相手の言っている内容を理解できないときの返事。I don't get it.のgetはいろいろな意味で用いられる単語で、ここでは「（理解して）得る→理解する」という意味で使われています。I'm sorry, but I don't understand.「申しわけありませんが、わかりません」のカジュアルな表現です。

（どうしたらよいのか）わかりません。
I have no idea. / I'm not sure.

Point どうしたらよいのか、具体的な方策がわからないときに使います。
関連 「どうやってそこに行けばいいのか、さっぱりわかりません。」
I have no idea how to get there.

あいまいな返事

考えさせてください。
Let me think about it.

家族と相談してからお返事させてください。
Let me check with my family and get back to you.

Point 相手が会社の上司の場合は、Let me check with my boss.となります。

勘違いをしていました。
I misunderstood.

すべて正しいわけではありません（一部間違いです）。
That's not totally correct.

間違いかもしれません。
That might be wrong.

どれにしようか迷っています。
I'm debating on which one to choose.

Point debateには「討論する」のほかに「熟考する」という意味があり、I'm debating on ～ で、「～について考え中／迷っている」と伝えるときに使います。

それは状況によります。
It depends on the situation.

Point It depends. だけでも使えます。

明日まで考えていいですか？
Can I sleep on it?

これについては、考え直したほうがいいかもしれません。
Maybe we should rethink this.

今決める必要はありますか？
Do I have to make a decision now?

決断する前にもう少し詳しく知る必要がありますね。
I need to know more information before I make a decision.

Point 「（そのことについて）もっと詳しく教えてほしい」という意味でも使います。

様子を見てみましょう。
I guess we'll see what happens. / We'll see.

Point We'll see. には「そのときが来ればわかる」という気持ちが込められており、「様子を見てみよう」「いずれわかるよ」「どうかな」という意味で使います。「あとでね」「また今度」とやんわり断るときにも使います。

決めるのは難しいですね。
It's kind of hard to make a decision.

どうでもいいですよ。
I don't even care.

あなたが私の立場だったらどうしますか？
What would you do if you were in my shoes?

Point in my shoesで「私の立場（状況）に身を置いて」という例えの表現です。

あいづち

同意・同調

絶対（確かに）そうですよ。

Absolutely. / Exactly. / Indeed. / Definitely.

Point 「まったくそのとおり」「なるほど」など、相手の発言に対して大いに賛同するニュアンスを含みます。

うんうん（なるほどね／そうですか）。

Mmhmm.

Point I see.と同じ意味です。口を閉じたまま「ンーフー」と言うと近い発音になります。相手の意見に同意したり、話を聞いている最中に使う間投詞です。ものを考えるときに出るhmm（日本語だったら「ううむ……」というニュアンス）とは違います。似た表現のUh-huh.は、日本語の「うん、うん」に近いニュアンス。相手の話にあいづちを打つときに使います。日本語の「はい、はい」と同様、立て続けに繰り返して使うと聞こえが良くないので注意しましょう。

そのとおりですね。

That's right. / That's true.

そうだよね。

I know, right?

Point 形は疑問文ですが、「でしょ」「だよね」と相手に同意するときによく使います。

そう思います。／たぶんね。

I think so.

Point きちんと向き合って伝えると同意表現になりますが、軽く言うと「たぶん、そうなんじゃない」くらいのニュアンスです。

全くそのとおり！

You can say that again!

それは面白いね。

That's funny.

Point とても楽しくて面白い話を聞いたときに使います。That's hilarious.「超笑えるね」という表現もあります。

関連 「それは興味深いね。」That's interesting.

私もきっとあなたと同じことをしたと思いますよ。

I probably would have done the same thing.

ひどい話ですね。

That's too bad.

Point 悪い知らせを聞いたあとで、「ひどい話ですね」「たいへんでしたね」と相手に同情する場合に使います。

類似 「それはショックだね！」That's shocking!
「それはひどい（最悪だね）！」That sucks.（とてもくだけた表現）

言おうとしていることはわかります。

I see what you mean.

類似 「気持ち、わかります。」I know how you feel.

驚き・疑い

本当ですか？

Really?

Point イントネーションで意味合いが嫌味っぽくなったり、「知らなかった！」という気持ちが込もったりします。発音は「ゥリーリィ」という感じに発音します。

それはすごい！

That's crazy!

Point 「それチョーやばい」といったニュアンスです。上記のReally?と同じような場面で使えます。That is weird.「奇妙だね」、That's insane.「正気じゃない、すごい」という表現もあります。

そんなばかな。

No way. / Unbelievable.

Point 基本的には「違う、ありえない、決して〜ない」という意味で、会話の中では「そんなばかな」「ありえないでしょ」という感情表現としても使います。

冗談でしょ！

You've got to be kidding me! / You're kidding me!

関連 言い方次第ですが、「冗談じゃない！」と怒ったときにも使われます。

マジで？

Is that for real? / Are you serious?

関連 「びっくりした！」What a surprise!（本当に驚いたとき）

そのあとどうなったんですか？

And then what happened?

なるほど（それならわかる／言えてる）。

That makes sense.

感謝・おわび

感謝の言葉

ありがとう。

Thank you. / Thanks.

Point 誰かに何かしてもらったら、小さなことでも声に出してお礼を言えるようにしましょう。Thank you.のバリエーションはたくさんあるので、覚えておくと便利です。

類似 「どうもありがとう。」Many thanks. / Thanks a lot.
「本当にありがとうございます。」Thank you very much.
「何から何までありがとうございます。」Thank you for everything.

お礼の言いようもありません。

I can't thank you enough.

Point can't ～ enoughで「充分に～できない」→「いくら～しても、し足りない」という意味になります。丁寧に感謝の気持ちを伝える表現です。You were a big help.と言ってもいいでしょう。

ご親切にどうも。

That's very kind of you.

ひとつ借りができましたね。

I owe you one.

Point 相手に借りができたときに「あとでお返しするからね」「感謝しているよ」という気持ちを伝えます。

関連 「みんな君のおかげだよ。」I owe it all to you.

感謝します。

I appreciate it.

Point 相手の助けによって目的を達成できたときに伝える言葉です。appreciateはthankのフォーマルな表現。itの代わりにall you do. / everything you've done.「あなたがしてくれたことすべて」と言ってもよいでしょう。

今日は楽しかったです。

I had a really great time today.

類似 「すごく楽しかったです。」I had a blast. / I had so much fun.
（カジュアルな表現）

お礼に応える

どういたしまして。

You're welcome. / Anytime. / I'm glad. / My pleasure.

ご心配なく。大したことではないので。
Don't worry about it. It was no problem.

Point Don't mention it. / No worries. も、Don't worry about it. と同じような意味で使います。

おわび

すみません。／おわびします。
I'm sorry. / I apologize.

すみません（失礼）。
Excuse me.

Point 人にぶつかってしまったときや、混雑している道を通り抜けるときなどに使います。Pardon. も似たような意味で使えます。

あら、何か失礼をしましたか？
Oh, have I done something wrong?

Point 「もしかしたら今、相手の足を踏んでしまったかもしれない……」というように、確信はないけれど何か失礼なことをしてしまったかもしれないという状況で使います。

ごめん（私のミスです）。
My bad!

Point 親しい友だちの間で軽く謝るときに使うカジュアルな表現です。うっかりミスをしたときや、よそ見をしていて相手にぶつかってしまったときなどに使います。

どうかお許しください。
Please forgive me.

遅れて申しわけありません。
I'm sorry, I'm late.

Point I'm sorry for my lateness. と言ってもいいでしょう。
類似 「時間内に着けなくて申しわけありません。」
I'm sorry, I couldn't get here in time.

私が全部悪いんです！
It's all my fault!

Point 責任を自分が引き受けるときに使う、深いおわびの表現です。

すみません、取り消します。
Sorry, I take it back.

Point 失言を撤回したいときに使います。My mistake. も同様の意味です。
関連 「そういう意味じゃないんだ。」I didn't mean it.

ほめ言葉・励まし

ほめる・ねぎらう

よくやった（でかした／いい仕事だ）！

Nice job! / Good job!

Point 相手の頑張りをほめるときの言葉。目上の人にも使えますが、より丁寧に Excellent.「すばらしい」「たいへんけっこうです」と言ったほうがいいかもしれません。You did great! / You did a great job! / Well done! / Way to go!と言ってもOK。

やったじゃないか！

You really delivered!

Point 直訳は「君は本当にやりとげた」。deliverは口語表現で「やりとげる、（期待に）添う、（約束を）果たす」という意味でも使われます。思いがけないほどすばらしい結果を出した相手に使うほめ言葉です。

たいへんお疲れ様でした！

Thanks for all your hard work!

Point 何についての感謝かを伝えるときは、例文のようにThank you / Thanksのあとにforでつなげます。ただしこの表現は、帰り際に「お疲れ様」と声を掛けるときには使いません。

お気持ちだけでもうれしいです。

It's the thought that counts!

Point 直訳は、「大切なのはその気持ちだ」。相手がしてくれた行為がうまくいかなかったとしても、お礼を言いたいときに使います。相手を慰める気持ちも含まれます。countには、「数を数える」のほかに「価値がある、重要である」という意味があります。

また次もよろしくお願いいたします。

Looking forward to it again next time.

Point 困ったことをお願いし、「次もまたよろしくお願いします（助けてください）」と伝えたいときは、Please help us next time too.と言うとよいでしょう。

頼りになる方だと思っていました（期待してよかった）。

I knew I could count on you.

Point count on ～は「～を頼りにする」という意味。rely on / depend on もほぼ似た意味で使えます。

関連 「あなたがいなければできませんでした。」I couldn't have done it without you.

おめでとう！

Congratulations!

Point 親しい相手に対してはもっと短くCongrats. / Good for you.と言ってもよいでしょう。Congratulations on ～ として、onのあとに名詞や動名詞を続けるといろいろな場面に応用できます。

例 on graduating（卒業に対して）
on finishing（レースの完走、仕事の完遂などに対して）
on winning（勝利に対して）

具体的にほめる

そのドレス似合っているよ。

That dress looks good on you.

服のセンスがいいね。

I really like your sense of style.

関連 「笑いのセンスがあるよね。」I really like your sense of humor.

彼はイケメンだね。

He is good-looking.

Point 少しかたい表現にHe is handsome.があり、またスラング表現でHe's a stud.とも言います。色気があることを強調するときは、He is so hot.と言ってもいいでしょう。

類似 「彼は魅力的だね。」He is attractive.
「彼はかっこいいね。」He is cool.（内面や雰囲気も含めて）

彼女は何をしてもかわいい。

Everything she does is so cute.

Point cuteは「かわいい」というときの最も一般的な表現。ほかにcharming / adorableなども使います。

あの俳優は日本では大人気ですよ。

That actor is really big in Japan.

Point really bigの代わりにpopularを使うと、ややかたい表現になります。

彼は大したやつだよ。

He is awesome.

Point awesomeは、「畏敬（畏怖）の念を抱かせる（起こさせる）、荘厳な」という意味ですが、「すばらしい、すごい、最高だ、いけてる」という意味のスラング表現でよく使います。

あなたは本当にすばらしいスキルをお持ちです。
You have spectacular skills.

Point spectacularの名詞はspectacle「壮観、大仕掛けのショー」。日本語でもスペクタクルと言いますね。

掃除をすべてこなして、クタクタですよね。
You must be worn out from all the cleaning.

Point 「be動詞＋worn out」で、「疲れた、弱った」という意味になります。tired / exhaustedも同様の意味で使えます。

励ます

頑張ってみて。
You should give it a shot.

Point give it a shotは、「やってみる」「挑戦してみる」という意味の口語表現です。

いつもどおりにすればいいよ。
Just do it like you always do.

運の問題だよ。
It's a matter of luck.

ものごとの良い面を見ようよ。
Let's look at the bright side.

Point 「楽観的に考えようよ」というときのフレーズ。

ベストを尽くすんだ！
Give it your best!

君ならできるよ！
You can do it!

Point 応援するときの掛け声としても使えます。
類似 「その調子（そのまま頑張れ）！」Keep it up! / 「頑張れ！」Go for it!

成功を祈る！
Good luck!

私は最後まで頑張ります。
I'm going to keep at it till the end.

Point 「頑張る」はwork hardとも表現でき、I'll work hard on it till the end.と言えば「私は最後までそれを頑張ります」という意味になります。

ポジティブな気持ち

感動・喜び

うれしいです。

I'm happy.

Point I'm delighted. / I'm pleased.も同じような意味で使います。

感動しました。

I'm touched.

Point touchedは、誰かに親切にしてもらったり、心あたたまるものを見たり聞いたりしたときの気持ちを表します。How sweet. / I'm so moved!とも言います。

あの映画には、感動しました。

That movie really moved me.

Point moveは「感動させる、興奮させる」という意味。日本語でも「(心を) 動かされた」と言いますね。

涙が出そうです。

I'm getting teary-eyed.

動物園に行くのが楽しみです。

I'm looking forward to going to the zoo.

とてもワクワクしています!

I'm really excited!

Point 同じような意味で、よりカジュアルな表現にI'm really pumped!があります。

やったー!

I made it! / I did it!

Point 大きな勝利を獲得したり、ものごとすべてが自分の思いどおりになったと感じたときなどの喜びの表現です。

夢がかないました!

It's a dream come true!

Point Pinch me. I must be dreaming.「夢をみているのかしら。つねってみて」という表現もあります。良いことでも悪いことでも、信じられないようなことが起こったときに使います。もちろん例えの表現なので、そう言われたからと本当に相手をつねったりしないように!

関連 「夢のようです。」It's like a dream come true.

癒し

この毛布にくるまるとホッとするの。
Curling up in this blanket relaxes me.

家で一緒にゆっくりしようよ。
Let's chill out at my house.

Point ここでのchill outは「家でゆっくりする／まったりする」という意味の口語表現で、友人・恋人同士でよく使われます。

コーヒーは、自分で挽いて淹れるんだ。
I grind my own coffee.

挽きたてのコーヒーの香りは格別だね。
Freshly ground coffee smells amazing.

仕事中はBGMをいつも流しています。
There's always music playing in the background at work.

静かなピアノ音楽がお気に入りです。
I like soft piano music.

寝転がって体を伸ばすと気持ちいいね。
Laying down and stretching feels good.

これでワインとチーズがあれば最高だね。
This would be perfect with some cheese and wine.

WORDS ❖ ひと言感動表現

!	Good!	いいね！
!!	Great!	すばらしい！／立派だね！
!!	Cool!	かっこいい！
!!!	Lovely!	素敵！
!!!	Amazing!	驚きだよ！
!!!	Wonderful!	すばらしい！／おいしい！
!!!	Fantastic!	すてき！
!!!!	Awesome!	すごい！／やばい！
!!!!	Unbelievable!	信じられない！
!!!!!	Mind-blowing!	（驚いて）くらくらする！

ネガティブな気持ち

辛い

どうしたらいいんだ。
I'm at a loss.

落ち込んでいます。
I feel down. / I feel depressed. / I feel upset.

Point upsetは何か良くないことが起こって動揺したり取り乱したりした気持ちを表します。怒りや、不安、失望、悲しみ、心配などさまざまな感情を意味する単語なので、会話の流れや状況から、どのような感情を意味しているのかを判断する必要があります。

最近、たいへんなんです（辛いんです）。
I've been having a rough time.

類似 「（ここのところ）辛いです。」It's been hard.（現在の心情や状況について）

1人にしておいてもらえますか。
I'd like to be alone, please.

Point Could you leave me alone, please?という言い方もよくします。「ほっといてくれ」ならPlease leave me alone.と言います。時として相手にこれ以上心配をかけたくないというDon't worry about me.「私のことを心配しないで」と同じ気持ちが込められます。

胸が張り裂けそうです。
I'm heartbroken.

試験に落ちました。悔しいです！
I failed the test. How frustrating!

惨めだよ。
I feel miserable.

（あまりのことに）言葉にならない……。
I'm lost for words...

何もかも嫌になったよ。
I'm just tired of evrything.

そんなふうに言わないでよ。傷つくなあ。
Don't talk like that. It really hurts my feelings.

怒り・イライラ・緊張・怖い

うんざりです。

What a pain.

Point 「イタイなあ」「マジかよ」「うんざりだ」という気持ちが込められます。この場合のpainは「苦労の種→うんざりすること（もの）」という意味で、aがついていることからもわかるように、可算名詞として扱われます。肉体的な「痛み」や精神的な「苦労」の意味で用いられる場合は、数えられない名詞（不可算名詞）なのでaはつきません。

イライラするなあ。

It's very irritating.

Point irritatingの代わりにannoyingを使うこともあります。annoyingは「イライラさせる、迷惑な、うっとうしい」という意味です。

類似 「本当に腹立たしいなあ。」I am really irritated.

もっといい対応をしてくれるべきだ。

They should treat us better.

関連 「ひどい対応だったよ。」They treated us very badly.

あなたの不満はよく理解できます。

I completely understand your frustration.

これは無茶苦茶です。

This is absurd.

なんだか嫌な感じがします。

I don't feel comfortable about this.

怖いよ。

I'm scared.

英語を話すと緊張します。

I get tense when I speak English.

Point tenseの代わりにnervousを使ってもよいでしょう。

すごく緊張しています。

I've got butterflies in my stomach.

Point 直訳は「胃の中で蝶々がふわふわ飛んでいる」。舞台や演壇などに立つ前の、神経質になってドキドキしている様子を表しています。日本語で同じ状況を言うなら「胃がシクシクする」というところでしょうか。おなかの中が落ち着きなくムズムズしている状態を表しています。もちろん、I'm nervous.とシンプルに言ってもよいでしょう。

やめろ。
Cut it out.
関連 「うるさい!」Shut up!

いい加減に怒るよ。
You're making me angry.

いい加減にしろ!
Give me a break!

意味がわからない!
It doesn't make any sense!

つまらない・面倒くさい

今日はボーッとしています。
I am so out of it today.

金曜日の夜を家で過ごすのはつまらないな。
It's dull spending Friday night at home.
Point dullの代わりにboringを使ってもよいでしょう。「面白くないもの／人」は、boreと言います。

今日は面倒くさいからお風呂に入らないよ。
I can't be bothered to take a bath today.

ゴミ捨ては、とても面倒くさいね。
Taking out the trash is such a pain.
Point この場合のpainは、「精神的な苦痛、苦労、面倒なこと、おっくうなこと」といった意味です。身体的な痛みの場合は、painのあとにin the neckをつけて「首の痛み」などと表現します。

あの先生はボーッとしているよね。
That teacher is absent-minded.

マジで？　その髪型ダサいよ。
Are you for real? That hairstyle is so uncool.

あのテレビ番組はつまらないよ。
That show is so lame.
Point lameは「ラメ」ではなく「レイム[léɪm]」と発音します。

慰める

大丈夫？

Are you all right?

Point　all rightはalrightとつづることもあります。

お気の毒に、聞きましたよ。

I'm sorry to hear that.

気にしないで。きっとうまくいくよ。

Don't worry. Everything will be alright.

Point　alrightの代わりにOKも使えます。

同情しますよ。

I feel for you.

Point　相手をいたわる表現。「僕には、君の苦労がわかるよ」という意味。I know how you feel.と言ってもよいでしょう。相手の事情がわからないときは、I can't imagine what you're going through.「君の苦労は想像もつかないよ」と伝えます。

気にしないで。

Don't let it get to you.

Point　この場合の「get to＋（人）」には、「あるものごとが（人を）感動させる／苦しめる／悩ませる」という意味があります。

類似　「自分を責めないで。」Don't blame yourself.

手伝いますよ。

Let me give you a hand.

Point　Let me help you.とも言います。a handは、具体的な「手」ではなくhelp「助け、力添え」のこと。give a hand は「誰かを助ける」という意味になります。

関連　「私に手（力）を貸してください。」Lend me a hand. / Give me a hand.

私たちに何かできることはありませんか？

How can we help you? / What can we do for you?

私でよければ力になるよ。

I'm here if you need me.

私がついているよ。

You've got a friend in me.

Point　直訳は「あなたは私という友だちを持っているよ」。そこから、「私という友だちがいるよ」「私がついているよ」という意味になります。

第3章

乗り物に乗る・道案内

機内
空港
交通手段
タクシー
地下鉄・電車
バス
街歩き

機内

座席で

私の座席はどこですか？〈搭乗券を見せながら〉
Can you tell me where my seat is, please?

すみません、ここは私の席だと思いますが。
Excuse me, but I think this is my seat.

すみません。ちょっといいですか？　ありがとうございます。
Excuse me. May I? Thank you.

Point　窓際の席から通路に出るときや、狭い通路を通るときなどの声掛けです。必ずThank you.を添えましょう。

席を替わっていただけますか？〈同行者と席が離れたときなど〉
Could you trade seats with me, please?

手伝っていただけますか？〈手荷物を棚に載せるときなどに〉
Could you help me, please?

座席を少し倒してもいいですか？
Can I put my seat back a little?

座席を少し立てていただけますか？
Could you move your seat up a little, please?

言換え▶　前に動かして：**forward**

客室乗務員に

毛布をもらえますか？
May I have a blanket?

ヘッドホンが壊れています。
My headphones aren't working.

▶ 飲み物はいかがですか？
Sir/Ma'am, would you like something to drink?

どんな飲み物がありますか？
What do you have to drink?

温かい[冷たい]飲み物はありますか？
Do you have anything hot[cold]?

(それは)無料のサービスですか？
Is it free?

お食事は、もうお済みですか？
Have you finished? / Are you through?

まだ食事中です。
I'm still eating.

ええ、ありがとう。〈トレイを下げてもらうことが明らかな場合〉
Yes, thank you.

トレイを下げていただけますか？
Could you take away my tray, please?

すみません、気分が悪いのですが。
Excuse me, I feel sick.

Point 乗り物酔いなどで気持ちが悪いときや風邪などで体調が悪いときに使う表現です。座席の前ポケットにある紙袋はairsickness bagなどと呼びます。

類似 「吐き気がします。」I'm feeling sick.
「もう吐きそうです。」I'm about to be sick.

夕食は食べたくありません。〈気分が悪くて断るとき〉
I don't feel like eating dinner.

座席を元の位置にお戻しください。
Please return your seat to the upright position.

トイレに行ってもいいですか？〈着陸前に〉
Can I go to the restroom?

(飛行機は)定刻どおりに着きますか？
Are we arriving on time?

関連 「この飛行機はどのくらい遅れるのですか？」How long is the delay?

ホノルルの現地時間は何時ですか？
What is the local time in Honolulu?

日本語が話せる客室乗務員さんはいらっしゃいますか？
Is there a cabin attendant who speaks Japanese?

Point Do any of the cabin crew speak Japanese?と言ってもよいでしょう。「客室乗務員」をcabin attendant / flight attendant / cabin crewと言います。

空港

入国審査

アメリカは初めてですか？
Is this your first visit to the U.S.A.?

はい、そうです。
Yes, it is.

いいえ、2回目です。
No, it's my second time.

どこに滞在しますか？
Where are you going to stay?

ヒルトンホテルに滞在します。
I'm going to stay at the Hilton Hotel.

入国の目的は何ですか？
What's the purpose of your visit?

観光です。
Sightseeing.

言換え 留学です：**Study abroad.**　仕事です：**Business.**

Point 友人を訪問する場合、sightseeingと答えるとスムーズな場合が多いです。

どれくらい滞在されますか？
How long will you be staying?

8日間です。
For eight days.

最終目的地はどこですか？
What is your final destination?

関連 「最終目的地はここですか？」Is this your final destination?

ニューヨークに滞在予定です。
I will be staying in New York.

誰と一緒に旅行をされていますか？
Who are you traveling with?

妻と一緒です。
I'm traveling with my wife.

あなたの職業は何ですか？
What is your occupation?

会社員です。
I'm an office worker.

言換え 学生：a student　主婦：a housewife
写真家：a professional photographer

関連 「私は退職しています。」I'm retired.

荷物の引き取り

JAL002便の荷物はどこで受け取れますか？
Where is the baggage claim for JAL 002?

遺失物取扱所はどこですか？
Where is the lost-and-found office?

言換え 手荷物事務所：the baggage claim office

私の荷物が見当たらないのですが。
My baggage is missing.

帰国・出国

すみません。チェックインしたいのですが。
Excuse me. I want to check in.

これは機内に持ち込めますか？
Can I bring this on board?

窓側の席をお願いします。
I'd like a window seat.

言換え 通路側の席：aisle seat（aisle [áɪl] の発音に注意。sは発音しません）

関連 「私たちは隣同士で座りたいのですが。」We'd like two seats together.
（→P.90）

D20ゲートはどこですか？
Where is gate D20?

類似 「デルタ航空2107便の搭乗ゲートはどこですか？」
Where is the boarding gate for Delta 2107?（搭乗便名で尋ねる）

何時に搭乗開始ですか？
What time can we start boarding?

関連 「フライトは時刻どおりですか？」Is the flight on time?

交通手段

乗り物について尋ねる

チャイナタウンへ行くのに最も良い方法は何ですか？
What's the best way to get to Chinatown?
言換え いちばん速い：the fastest way

▶ 地下鉄がいいですね。
The subway is the best.

▶ G系統で行けますよ。
You can get there on the G train.

ここからJFK空港へはどうやって行ったらいいですか？
How can I get to JFK Airport from here?

▶ いちばん簡単なのは、空港のシャトルバスですね。
The easiest way is to use the airport shuttle.

いちばん近い地下鉄の駅はどこですか？
Where is the nearest subway station?

地下鉄は何駅から乗ればいいですか？
Which station should I take the subway from?

そこへは歩いて行けますか？
Can I walk there?

時間はどれくらいかかりますか？
How long will it take?
Point 「〜まで」と具体的な目的地までの時間を尋ねたい場合は、takeのあとにto get to 〜と続ければよいでしょう。

セントラル駅までどれくらい時間がかかりますか？
How long will it take to Central Station?
Point このシチュエーションのように「聞いている時点からどのくらい時間がかかるのか」という場合はwillを使いますが、単純に移動にかかる必要時間を尋ねる場合などはdoesを使います。

バスの本数は、たくさんありますか？
Are there many buses running?

空港から市内へ

タクシー乗り場はどこですか？
Where is the taxi stand?
関連 「どこでタクシーをつかまえられますか?」Where can I get a taxi?

ハイアットホテルまでおいくらですか？
How much is the fare to the Hyatt Hotel?

そこには何時に着きますか？
What time can I get there?

ワイキキホテルに行くシャトルバスはどれですか？
Which shuttle bus goes to the Waikiki Hotel?

このバスはハイアットホテルに止まりますか？
Does this bus make a stop at the Hyatt Hotel?

このバスの出発は何時ですか？
What time does the bus leave?

チェックインは１時だから、まだ時間があるよ。
We've got some time to kill since we can't check in until one o'clock.

そこ（目的地）に着いたらまずごはんを食べよう。
Let's grab something to eat as soon as we get there.
Point grabは「つかむ、素早く手に入れる」という意味です。会話表現では、haveやgetの代わりによく使われます。

このバスはちょっと混んでいるね。次のに乗ろうよ。
This bus is a little crowded. Let's take the next one.

WORDS 乗り物関連

タクシー乗り場	taxi stand	バス停	bus stop
バス発着場	bus terminal / bus station / bus depot		
路線図	route map	時刻表	timetable
地下鉄	subway	路面電車	trolley
モノレール	monorail	フェリー	ferry
案内所	information center	キオスク	kiosk

タクシー

乗るときに

ヤンキースタジアムまでいくらですか？
How much does it cost to Yankee Stadium?
Point How much does it cost to ～？で、「～までいくらかかりますか？」という意味になります。How much is it to ～？も同じ意味合いで使えます。

クレジットカードを使えますか？
Do you take credit cards?

何人乗れますか？
How many people can you take?

急いでいただけますか？
Could you hurry, please?
類似 「急いでいます。」I'm in a hurry.

トランクに荷物を入れてもいいですか？
May I put my baggage in the trunk?
関連 「トランクを開けてください。」Open the trunk, please.

タクシーのメーターをつけていただけますか？
Could you start the meter, please?

行き先を告げる

どこまで行きますか？
Where to?

ワイキキホテルまでお願いします。
To the Waikiki Hotel, please.

途中、駅の前で止めてもらえますか？
On the way, can you stop at the station?

この住所までお願いします。〈行き先を見せながら〉
To this address, please.

次の角を右［左］に曲がってください。
Turn right[left] at the next corner, please.

もう少しゆっくり走っていただけますか？
Could you drive more slowly, please?

Point 急いでいるときは、more slowlyの代わりにfaster「もっと速く」を使います。

まっすぐ行ってください。
Go straight, please.

7時までに劇場に着けますか？
Can we get to the theater by seven o'clock?

ここで停めてください。
Please stop here.

ここで待っていていただけますか？
Could you wait here, please?

1時間後にここに来ていただけますか？
Could you pick me up here in an hour?

関連 「15分で戻ってきます。」I'll be back in 15 minutes.

料金の支払い

ワイキキホテルに着きましたよ。
Here we are. This is the Waikiki Hotel.

ありがとう。料金はいくらですか？
Thank you. How much?

どうぞ。〈お金を渡しながら〉
Here you go.

おつりはとっておいてください。
Keep the change, please.

Point おつりをチップ代わりに渡すこともあります。

2ドルください。〈残りをチップとして受け取ってもらう場合〉
Please give me two dollars back.

領収書をもらえますか？
May I have a receipt, please?

地下鉄・電車

切符を買う

切符はどこで買えますか？
Where can I buy a ticket?

切符売り場はあそこです。
The ticket office is over there.

10ドル分のメトロカードをください。
A 10 dollar metro card, please.

メトロカードをチャージしたいのですが。
I want to charge my metro card.

関連 「メトロカードの残高を確認したいのですが。」
I want to see how much is left on my metro card.

自動券売機の使い方を教えていただけますか？
Could you show me how to use the ticket machine?

機械の調子が悪いようです。
The machine doesn't seem to be working.

関連 「おつりが出てきません。」My change isn't coming out.
「手助けしていただけますか?」Could you help me, please?

駅員に問い合わせ

時刻表はどこにありますか？
Where is the train time schedule?

地下鉄の路線図はありますか？
Do you have a subway map?

Point mapの代わりにguideと言ってもよいでしょう。

切符を無くしました。
I lost my ticket.

この切符の払い戻しをしたいのですが。
I'd like a refund for this ticket.

乗り換え切符をお願いします。
Transfer ticket, please.
Point 一定時間内であれば地下鉄からバスに無料で乗り換え可能な場合があります。

最終電車は何時に出ますか？
What time does the last train leave?
言換え 始発電車：the first train

ウェストミンスターへ行く出口はどこですか？
Where is the exit for Westminster?

乗車～目的地へ

ウォール街行きの電車はどれですか？〈案内板などを見ながら〉
Which train goes to Wall Street?

メンフィス行きの列車は、何番線から発車しますか？
Which platform does the train to Memphis leave from?

途中で乗り換えがありますか？
Do I need to transfer?

タイムズスクエアに行くにはどこで降りればいいですか？
Where do I get off for Times Square?
Point get offは「下車する」の意味です。「乗車する」はget onと言います。

これはユニオンシティで止まりますか？
Does this stop at Union City?
関連 「この電車は、ユニオンシティに行きますか？」
Does this train go to Union City?

アトランタへ行くには、どこで乗り換えたらいいでしょうか？
Where do I change trains to get to Atlanta?

▶ ジャクソン駅で乗り換えてください。
Please change trains at Jackson Station.

長距離列車

３時発ボストンまでの急行券を２枚ください。
Two express tickets for the three o'clock train to Boston, please.

その列車は何時発ですか？
What time does it leave?

明日の朝、９時の列車に乗りたいのですが。
I want to catch the nine o'clock train tomorrow morning.

この席は空いていますか？
Is this seat taken?

窓を開けてもいいですか？
Do you mind if I open the window?

関連 「カーテンを閉めてもいいですか？」Can I close the curtains?

トイレは何号車にありますか？
Which car is the toilet in?

Point 「○号車」という場合はcar (number) 2といい、「2号車にあります」ならThere is a toilet in car 2.などと言います。なお、「○両目」は、the 3rd car「3両目」と序数を使います。

次の駅はウェストレイクですか？
Is Westlake the next station?

急行に乗り遅れました。どうしたらいいでしょうか？
I missed the express train. What should I do?

WORDS ◆ 鉄道関連の表現

～行き	bound for ～	～経由	via ～
入改札	entrance［米］ way in［英］	出改札	exit［米］ way out［英］
改札口	ticket gate	プラットホーム	platform
待合室	waiting room	待合スペース*	off-hour waiting area
車掌	conductor	食堂車	dining car
普通列車、各駅停車	local train	急行	express train
特急	limited express train	グリーン車(日本)	green car
自由席	unreserved seat	指定席	reserved seat
片道切符	one way ticket［米］ single ticket［英］	往復切符	round-trip ticket［米］ return ticket［英］
乗り換え	transfer	途中下車する	stop over

＊深夜など人気がないプラットホームで、駅員の目が届く安全で明るい場所のこと。

バス

路線バス

バスの路線地図をいただけますか？
May I have a bus map?

ダウンタウン行きのバスはどこですか？
Where is the bus to downtown?

自由の女神へ行きたいのですが。
I'd like to go to the Statue of Liberty.

どのバスに乗ればいいですか？
Which bus should I take?

▶ 17番のバスに乗ってください。
Take bus number 17.

このバスはチャイナタウンに行きますか？
Does this bus go to Chinatown?

▶ 行きますよ。切符をこの箱に入れてください。
Yes. Put your ticket into this box.
Point 切符を機械の細い溝に通す場合は、boxの代わりにslotを使います。

パークホテルには停まりますか？〈運転手に〉
Do you stop at the Park Hotel?

ダウンタウンは何番目の停留所ですか？
How many stops to downtown?

▶ 5番目です。
It's the 5th stop.
関連 「次の次のバス停です」The stop after next.
「もう過ぎてしまいましたよ。」We've already passed it.

タイムズスクエアへ行くにはどこで降りればいいですか？
Where do I get off for Times Square?

別のバスに乗り換えが必要ですか？
Do I have to change buses?

1日乗車券を買えますか？〈運転手に〉
Can I get a one-day pass?

切符はどこで買えますか？
Where can I get a ticket?

▶ あそこの切符売り場で買ってください。
Please get your ticket at the ticket office over there.

ダウンタウンまでおとな1枚をお願いします。
One adult for downtown, please.

ペン駅に着いたら教えてください。
Please tell me when we get to Penn Station.

次のバス停はどこですか？
What is the next bus stop?

4番街はもう過ぎましたか？
Did we pass 4th Avenue?

▶ まだです。
Not yet.

過ぎましたよ。
Yes, we did.

ここで降ります。
I'll get off here.

Point　バスを降りるときは、窓枠の上を通っているひもを引っ張って知らせます。

すみません、降ります。〈通路を通してほしいとき〉
Excuse me, I'm getting off.

帰りの停留所はどこですか？
Which bus stop should I go to for my way back?

最終［始発］バスは何時に出ますか？
What time does the last[first] bus leave?

長距離バス

グレイハウンドのバスターミナルはどこですか？
Where is the Greyhound bus terminal?

ボストンまでいくらですか？
How much is it to Boston?

ボストン行きは何時出発ですか？
What time does the bus for Boston leave?
関連 「次のバスは何時発ですか？」What time does the next bus leave?

時間はどれくらいかかりますか？
How long is the trip?

荷物はどこで預ければいいですか？
Where should I check my luggage?

ボストン行きのバスは、どのゲートから出発しますか？
Which gate does the bus for Boston leave from?

▶ 5番ゲートです。
It leaves from gate number five.

このバスはボストンまで行きますか？
Is this going to Boston?

▶ ここを午後11時30分に出ます。乗り遅れないでください。
It leaves here at 11:30 p.m. Don't miss it.

アメリカの長距離バス

長距離バスは、飛行機や列車に比べて**費用を抑えられる**うえに、**予定を合わせやすい**乗り物といえます。乗客も多様で、カリフォルニア～ニューヨークをバスで横断しようと冒険心を持って乗る人もいれば、時間を代償にお金を節約しようと飛行機の代わりにバスを選ぶ人もいます。しかし、多くの場合、場所や金銭的理由からバスが唯一利用可能な交通手段であることがあげられます。たくさんの個性的な人と出会えるのがアメリカ長距離バスの旅といえます。

都市部ではグレイハウンドが最も名の通った長距離バス会社ですが、郊外に行くにつれて、ほかのバス会社の名も多く見かけるようになります。**乗車券はネットで購入可能ですが、もちろん窓口でも買えます**。乗車券に書かれた乗車ゲート番号に従って自分が乗るバスへ向かい、貴重品や飲食物、クッションなど、車内で使用する最低限のものを除き、乗車中に必要のない大きな荷物などはバスのトランクに預け入れます。ほとんどの場合、座席指定はなく、満席になってしまったら次のバスを待つことになります。多くの長距離バスはトイレ付きですが、短～中距離の都市を結ぶバスにはないこともあるので要注意です。

街歩き

道を尋ねる

どこへ行きたいのですか？
Where do you want to go?

グランドセントラル駅に行きたいのです。
I want to go to Grand Central Station.

何をお探しですか？
What are you looking for?

市役所を探しているのですが。
I'm looking for City Hall.

すみません、私たちがどこにいるのか地図で教えていただけますか？
Excuse me, could you show me where we are on the map?

関連 「道に迷ってしまったのですが、助けていただけますか?」
Can you help me? I'm lost.

ええ、いいですよ。私たちはちょうどこの場所にいます。
Sure. We are right here.

市役所はここの四つ角です。〈地図で示しながら〉
City Hall is here at the intersection.

道案内をする

この道に沿って行ってください。
Go down this street.

Point downは「～に沿って」という意味合いです。今いる場所から離れていくイメージがあります。アメリカでは北へ向かうときにup、南に向かうときにdownを使うこともあります。

まっすぐに行って右側ですよ。
Go straight and you'll see it on your right.

２つ目の信号を左に曲がってください。
Please turn left at the second traffic light.

WORDS ❖ 位置を示す表現

WORDS ❖ 交通に関する単語

四つ角	four-way crossing [米] four-way junction [英]	信号機	traffic light [米] traffic signal [英]
交差点	crossing / intersection	道の突き当たり	at the end of the street
標識、看板	sign	通りを渡る	cross the street
まっすぐ進む	go straight	右[左]に曲がる	turn right[left]

次の角を右に曲がってください。左側にありますよ。
Please turn right at the next corner. It's on the left hand side.

通りの反対側にありますよ。通りを渡ってください。
It's on the other side. Please cross the street.

看板が見えますよ。
You'll see the sign.

金色の四葉のクローバーがドアにかかっている店です。
It's the shop with a gold four-leaf clover over the door.
関連 「大きな像を通り過ぎたら行きすぎです。」
If you go past a big statue, you've gone too far.

コンビニの隣の建物です。
It's the building next to the convenience store.

▶ そこへは歩いて行けますか？（歩いて行くには遠いですか？）
Is it too far to walk?

遠いですねえ。タクシーを使ったほうがいいですよ。
It's quite far from here. I think you should take a taxi.
類似 「バスで行ったほうがいいですよ。」You're better off taking a bus.

すぐ近くですよ。
It's really close.
関連 「そこの角を曲がったところです。」It's just around the corner.
「ちょうどそこですよ。」It's right up there.（方向を指さしながら）

▶ 徒歩でどれくらいかかりますか？
How far is it on foot?

歩いて10分くらいです。
It's about 10 minutes on foot.

そこまで案内しますよ。
I'll walk you there.

ごめんなさい、このあたりに詳しくないんです。
I'm sorry, I'm not from around here.
関連 「すみませんが、そこの交番で聞いてください。」
Sorry, please ask at the police box over there.

第4章

レジャー・観光・スポーツ

観光案内所
ツアーに参加
博物館・美術館
コンサート・ライブハウス
スポーツ観戦
スポーツ・アクティビティ

観光案内所

観光案内所で尋ねる

このエリアの観光客用の地図をいただけますか？
May I have a tourist map of the area?
言換え ツアーのパンフレット：a tour brochure

良いレストランを教えていただけますか？
Could you recommend a good restaurant?

夜景を眺めるのにいい場所はありますか？
Is there a nice spot to view the city skyline at night from?
言換え 写真を撮影する：take pictures　デートする：bring a date

どの観光名所がおすすめですか？
Which sights would you recommend?

▶ 散策にちょうどいい庭園がありますよ。
There is a nice garden you can walk through.

1～2時間ほど空き時間があるんです。その時間内で何かできることはありますか？
We have one or two hours of spare time. Is there anything we can do in that time?

近くで何か面白いイベントはやっていませんか？
Are there any cool, interesting events around here?

アポロ劇場では何を上演していますか？
What is playing at the Apollo Theater?

今晩のミュージカルのチケットが欲しいのですが。
We would like to get tickets for a musical tonight.

現地ツアーについて

どのようなツアーがありますか？
What kind of tours do you have?

リバティ島へ行くツアーはありますか？
Do you have any tours that go to Liberty Island?

午前中のツアーはありますか？
Do you have any morning tours?
言換え 午後：**afternoon**　夜：**night**
類似 「半日[日帰り]ツアーはありますか?」
Do you have a half-day[full day] tour?

観光船はありますか？
Are there any sightseeing boats?
言換え 観光バス：**sightseeing buses**　水上タクシー：**water taxis**

日本語ガイドを半日お願いできますか？
Could you arrange a Japanese guide for half a day?

何か体験できるツアーはありますか？
Are there any experience tours?

座禅に参加してはいかがですか？
How would you like to try Zazen?
言換え 茶道：**tea ceremony**　陶芸教室：**ceramic art class**
Point ZazenはZen meditationとも言います。

いろいろあって迷うなあ。
There are so many options to choose from.

予約は必要ですか？
Do I need a reservation?
関連 「ここで申し込めますか?」Can I book this here?

明日の予約を取りたいのですが。
I'd like to make a reservation for tomorrow.

予約を取るのを手伝っていただけますか？〈ツアーコンダクターなどに〉
Could you help us to make a reservation, please?

事前に予約を入れてあります。これが予約番号[メール]です。
I booked a reservation in advance. Here is my confirmation number[email].

予約の日付を変更したいのですが。
I'd like to change the date of my reservation.
Point 1週間以上先の予約の場合はdateを、7日以内ではday、同日の場合はtimeを使います。

ツアーに参加

ツアー中に

目的地まで、あとどれくらいの時間かかりますか？
How much longer until our destination?

ほら、あそこに富士山が見えますよ。
Look, we can see Mt. Fuji over there.

今日は見晴らしが良いですね。
We have a good view today.

Point 「見晴らしが悪い」と言いたいときは、haveの前にdon'tを加えます。

混雑しているので、手回り品に注意してくださいね。
Please pay attention to your belongings in a crowd.

この海岸は、映画のロケで使われたんですよ。
They shot a movie on this beach.

何時にバスに戻ればいいですか？
What time should I come back to the bus?

言換え 集合場所：**meeting spot**　桟橋：**dock**　フェリー：**ferry**

昼食を取る時間はありますか？
Is there time for lunch?

バスの中に手荷物を置いて行けますか？
Can I leave my things on the bus?

遅れてごめんなさい。〈集合時間に遅れたときに〉
I'm sorry, I'm late.

今日は楽しかったです。ありがとう。
I had a good time today. Thank you.

写真を撮る

この写真を撮ってもいいですか？〈何かを指しながら〉
Can I take pictures of this?

すみません、私たちの写真を撮ってもらえますか？
Excuse me, could you take our picture?

背景も写るように撮っていただけますか？
Could you get some of the background in too, please?

もう少し右に寄ってください。〈ちょうど良い位置に動いてもらうとき〉
Move to the right a bit, please.

もっとくっついて！　もっと、もっと。〈何人かいる場合〉
Get closer. More, more.

もう少し後ろに下がってください。
Go back a little bit.

カメラに寄ってください。
Come closer to the camera.

さあ、笑って。はい、チーズ！
Smile. Say cheese.

Point　英語の「はい、チーズ」にあたる言葉は国によって異なります。韓国では「キムチー」、中国では茄子を意味する「チェイズ」、ニュージーランドでは「キウイー」など、どれもにっこり笑顔の表情になる言葉です。

今度は、あなた方の写真もお撮りしますよ。
Would you like me to take a picture for you too?

具合が悪くなったら

車に少し酔いました。
I feel a little car sick.

類似　「気分が悪いのですが。」I feel sick. (→P.67)

疲れました。休憩できますか？〈ガイドさんに尋ねる〉
I'm tired. Can we take a break?

類似　「少し疲れました。」I'm a little tired.
「とても疲れました。」I'm very tired.

バスの中に残ってもいいですか？
Is it OK if I stay on the bus?

休憩を取りましょう。
Let's take a break.

博物館・美術館

窓口で

入場料はいくらですか？
How much is the entrance fee?

特別展のチケットを１枚お願いします。
One special exhibition ticket, please.

学生割引はできますか？
Is there a student discount?
関連 「シニアチケットをお願いします。」One senior ticket, please.

学生証を見せていただけますか？
Can I see your student ID?

おとな２枚、子ども２枚ください。
Two adults and two children, please.

博物館の休館日はいつですか？
When is the museum closed?
Point 「博物館」も「美術館」も英語ではmuseumと言います。

今日、博物館は開いていますか？
Is the museum open today?

博物館の開館と閉館は何時ですか？
What time does the museum open and close?

館内ツアーはありますか？
Do you have a guided tour?

日本語のガイドブックはありますか？
Do you have a Japanese guide book?
言換え 音声ガイド：**voice guide**　（館内の）ガイドツアー：**guided tour**

館内で

コインロッカーはどこですか？
Where are the lockers?

館内で写真を撮ってもいいですか？
May I take pictures in the exhibit?

Point 「フラッシュなしで」と伝えたい場合は、picturesのあとにwithout flashとつけ加えます。

関連 「フラッシュは使えますか?」Is flash OK?

触ってもいいですか？
Can I touch this?

すみません。グランドギャラリーはどちらの方向ですか？
Excuse me. Which way is the Grand Gallery?

ティラノサウルスの展示はどこですか？
Where is the T-rex exhibit?

Point T-rexはTyrannosaurus rexの略です。

再入場はできますか？
Can I leave and come back?

▶ 再入場用のスタンプを手に押しましょうか？
Would you like a stamp on your hand for re-entry?

特別展示の最終日が近いと混むね。
It's packed because the special exhibition will end soon.

車いすで全展示を観覧できますか？
Are all the exhibitions accessible by wheelchair?

WORDS 博物館・美術館で

博物館、美術館	museum	水族館	aquarium
プラネタリウム	planetarium	展示会、展覧会	exhibition
常設展	permanent exhibition	特別展	special exhibition
芸術作品	artwork / painting	絵画	picture
肖像画	portrait	風景画	landscape
静物画	still life	抽象画	abstract painting
版画	print / engraving	彫刻	sculpture
大理石	marble	石膏	plaster
ブロンズ（青銅）	bronze	展示会のカタログ	exhibition catalog

コンサート・ライブハウス

チケットについて

この列はどこから並んでいるのですか？
Where does the line start?

予約できますか？
Can I make a reservation?
関連 「まだチケットは手に入りますか?」Are there still tickets available?

入場料（チケット代）はいくらですか？
How much is the admission fee?

隣同士の席にしていただいてもいいですか？
Would you mind if we sat next to each other?
Point 「私の隣の席」=seat next to me、「私の前の席」=seat in front of me、「私の後ろの席」=seat behind meという言い方もあります。

当日券はありますか？
Do you still have tickets available for today?
言換え 前売り券：**advance tickets**

いちばん安い席はいくらですか？
How much are the cheapest seats?

5ドル以下のチケットはありますか？
Do you have any tickets for under 5 dollars?

前のほうをお願いします。
In the front, please.
言換え 1階：**Orchestra**　2階：**Mezzanine**　階上席：**Balcony**
最前列：**Front row**　立ち見：**Standing room / Gallery**

いちばん良い席をお願いします。
I want the best seat, please.
類似 「いちばんよく見える席をお願いします。」
I want the seat with the best view.

できるだけステージの近くにしてください。
As close to the stage as possible.

料金には飲み物代が含まれていますか？
Are drinks included in the price?

▶ **8時開演の分は売り切れです。**
The eight o'clock show is sold out.

このチケットの払い戻しはできますか？
Can I get a refund on this ticket?

予約券引き換え窓口はどこですか？
Where is the "will-call" window, please?

Point 予約したチケットは、映画館や劇場の"will-call" windowで受け取ります。

君がチケットを買っている間にポップコーンを買ってくるよ。
I'll go buy some popcorn while you get tickets.

公演について

次の開演は何時ですか？
When is the next show?

類似 「何時に開演ですか？」When does the show start?

昼の部の公演はあるのですか？
Is there a matinee performance?

休憩時間はありますか？
Is there an intermission?

関連 「どれくらいの長さですか？」How long is it?

今夜は誰が出演するのですか？
Who's playing tonight?

私の席はどこですか？〈チケットを示して案内してもらうとき〉
Can you show me to my seat, please?

この席には誰か座りますか？
Is this seat taken?

プログラムはどこで買えますか？
Where can I buy a program?

まだ席を立たないで。スタッフロールのあとに追加シーンがあるかも。
Don't leave yet. There might be a post-credits scene.

スポーツ観戦

チケットについて

野球の試合のチケットはどこで買えますか？
Where can I buy tickets for the baseball game?
言換え アメリカンフットボール：**foot ball**［米］　サッカー：**soccer**［米］ / **football**［英］

今夜はどこのチームの試合がありますか？
What teams are playing tonight?

ヤンキースの試合はいつありますか？
When are the Yankees playing?

その試合は何時に始まりますか？
What time will the game start?

ここで今日の試合を流しますか？〈スポーツバーなどで〉
Are you going to show today's game?

外野席を２枚ください。
Two seats in the bleachers, please.
言換え 内野席：**the infield**　ボックス席：**the box**

三塁側の内野席はありますか？
Are there any seats along the third base line?
言換え 一塁側（右翼側）：**the right field**

ギフトショップはどこですか？
Where is the gift shop?

チームや選手について

どちらのチームを応援していますか？
Which team are you rooting for?

私はジャイアンツのファンです。
I'm a Giants' fan.

どちらのチームが勝つと思いますか？
Who do you think will win?

先発ピッチャーは誰ですか？
Who's the starting pitcher?

私は大谷翔平の大ファンです。彼はすばらしいですね。
I am a big fan of Shohei Ohtani. He's great.

ゲーム中に

今日、リロイ・ジェンキンス選手は調子がいいね。
Leeroy Jenkins is playing really well today.

接戦ですね。
It's a close match.

誰がパスを入れたの？
Who passed that?

今のは反則でしょ？
That's against the rules, isn't it?

大丈夫、大丈夫…… 〈自分への言い聞かせ〉
OK, don't worry...

誰が勝ったの？／誰が勝っているの？
Who won? / Who's winning?

Point 「負ける」はlose。あるチームの勝ち負けについて尋ねられたときは、次のように答えるとよいでしょう。
「(彼らは) 負けたよ。」They lost. ／「負けてるよ。」They're losing.
「(彼らは) 勝ったよ。」They won. ／「勝っているよ。」They're winning.

３対２で日本が勝ちました。
Japan won three to two.

関連 「日本は1点差で勝ちました。」Japan won by one point.
「最終得点は3対2でした。」The final score was three to two.

サインしてもらえますか？〈選手に会うことができたら〉
Can I have your autograph, please?

写真を撮ってもいいですか？
May I take a picture?

言換え iPhoneで動画を撮っても：**record on my iPhone**
Point 「あなたと一緒に」と言いたいときは、最後にwith youをつけます。

スポーツ・アクティビティ

施設でのやりとり

利用料はいくらですか？
How much is the fee?
類似 「1人あたり一日いくらですか？」How much is it per person per day?

ここに必要事項を記入してください。
Please fill in this form.

この免責書類に署名をしてください。
I need you to sign this liability waiver, please.

日本語が話せるインストラクターはいますか？
Are there any Japanese-speaking instructors?

クラブを２セットとボールをお願いします。
We need two sets of clubs and some balls, please.
Point We need ～ は、必要な道具やボールなどを借りたり買ったりするときに便利なフレーズです。

夜は何時まで滑れますか？〈スキー場で〉
Until what time can I ski at night?

貸しロッカーはありますか？
Do you have lockers to rent?

このインストラクターのレッスンを受けたことありますか？
Have you had any classes with this instructor before?
関連 「スピンクラスの新しいインストラクターはいいよ。」
I'm enjoying the new instructor in spin class.

いい（運動）フォームですね。
You have awesome form.

運動にぴったりの（音楽の）プレイリストがあるんだ。
I have the perfect workout playlist.

その靴、かっこいいね。履き心地はいい？
Those shoes look cool. Are they comfortable?

この機械の使い方、知ってますか？
Do you know what this machine does?

運動前にストレッチをしないとけがをするよ。
You could hurt yourself if you don’t stretch before you start exercising.

昨日の運動でまだ筋肉痛だよ。
My muscles still ache from my workout yesterday.

関連 「(運動が筋肉に)効いているのを感じるよ。」I’m feeling the burn.

運動不足で腕立て伏せ10回すらできないよ。
I can’t even do 10 push-ups because I’m so out of shape.

Point out of shapeで「運動不足」のこと。shapeは「形」という意味のほか、口語では「体調、健康の状態」を表すときに使います。

押し出すときに息を吐き出して。
Exhale while you push out.

関連 「腕を上げながら息を吸い込む。」Inhale as you raise your arms.

ジム

今日はどこを鍛えますか？
What are you training today?

今日はレッグデイ（脚の日）です。
It’s my leg day.

言換え 腹筋：**ab**　背筋：**back**　胸筋：**chest**　上半身：**upper body**

Point 「脚を集中的に鍛えます」というときの口語表現です。

おなかを割るために腹筋を鍛えています。
I’m working on my abs so I can get a sixpack.

スクワットを何回しますか？
How many squats will you do?

言換え 腕立て伏せ：**push-ups**　腹筋運動：**sit-ups**　クランチ：**crunches**　懸垂（チンアップ）：**chin-ups**　懸垂（プルアップ）：**pull-ups**　チェストプレス：**chest presses**　ジャンピングジャック：**jumping jacks**

10回を4セットです。
Four sets of ten.

Point ある決まったトレーニング回数を何セット行うのかを伝える場合、日本語とは逆にセット数を先に言います。

僕はランニングマシンでウォーミングアップするよ。
I'll warm up on the treadmill.

ヨガ

ヨガは運動後のクールダウンに向いています。
Yoga is a good way to cool down after a workout.

チャイルドポーズはヨガの休憩のポーズです。
Child's pose is a resting yoga pose.
関連 「クジャクのポーズは本当に難しい。」Peacock pose is really difficult.

ヨガを始めてから、体の調子が良くなってきたみたいです。
My body feels a lot better since I started yoga.

集中力がついてきたようです。
I feel like I have better focus.
関連 「イライラすることが少なくなりました。」I'm a lot less irritable.

ゴルフ

打ちっぱなしに行ったことはありますか？
Have you ever been to a driving range?

このコースのアドバイスは何かありますか？
Any tips for playing this course?

コースは歩きます。
We'll walk the course.

カートを使います。
We need a cart.

どのコースがいちばん難しいですか？
Which hole is the most difficult?

パット練習のグリーンはどこですか？
Where is the putting green?
Point ゴルフのputting「パッティング」は、英語の発音も「パッティング［pʌ́tiŋ］」です。putの現在分詞形は「プッティング［pʰʊtɪŋ］」で違う発音です。

すごいドライバーショットだ！
What a drive!

フェアウェイのど真ん中に行ったよ！
It went right down the middle of the fairway.

第5章

外食をする

レストランを探す
レストランを予約
レストランに入る
テーブルに着く
料理の注文
店員とのやりとり
食事中のおしゃべり
会計・店を出るときに
ファストフード店・カフェ
飲み会・バー

レストランを探す

お店の情報集め

近くに、あまり値段の高くないレストランはありますか？
Are there any inexpensive restaurants nearby?

眺めのいいレストランを紹介していただけますか？
Could you suggest a restaurant with a nice view?
言換え 雰囲気のある：**with a nice atmosphere**

おすすめの店はありますか？
Do you have any recommendations?
Point お店に限らず音楽や映画など、何かおすすめがあるか尋ねるときに使えます。

▸ どんな料理を召し上がりたいですか？
What would you like to eat?

ここの地元料理を食べたいのですが。
I'd like to have some local food.

日本食レストランはありますか？
Is there a Japanese restaurant?
言換え イタリア料理：**Italian**　メキシコ料理：**Mexican**
インド料理：**Indian**　中華料理：**Chinese**
地中海料理：**Mediterranean**　タイ料理：**Thai**

▸ 焼き鳥がおいしいお店がありますよ。
There is a restaurant famous for Yakitori.

（そのお店は）値段は手頃ですか？
Is the price reasonable there?
Point 値段が手頃と言いたいときはreasonableやinexpensiveといった単語を使います。また、「安い」という意味の単語cheapは、～ is cheap.と言うと値段が安いことを意味しますが、cheap ～と言うと質が悪いという意味になるので注意が必要です。

▸ 安くておいしいですよ。
They serve good food at low prices.
言換え 量が多い：**large portions**（portionは、食事などの一人前、1人分の量のこと）
Point low pricesはreasonable prices「お手頃な金額」と言ってもよいでしょう。

1人につき20ドルくらいの予算を考えています。
We want to spend about 20 dollars per person.

遅くまで開いているカフェはありますか？
Are there any cafés that are open late?

言換え 夜通し：**all night**　年中無休：**24/7**（読み方：twenty-four seven）
朝食を提供する：**for breakfast**

レストランが多いのは、どのあたりですか？
Where is an area with a lot of restaurants?

行き方を教えていただけますか？
Could you tell me how to get there?

関連 「この地図に印をつけていただけますか？」
Could you mark it on this map, please?

予約を頼む

予約が必要ですか？
Do I need a reservation?

人気のお店なので、予約しておくほうがいいですね。
▶ **It's a very popular restaurant, so you had better make a reservation.**

ご予約をお取りしましょうか？
▶ **Shall I make a reservation for you?**

そのレストランの予約をお願いしたいのですが。
I'd like a reservation at the restaurant.

レストランのいろいろ

restaurant「レストラン」のほかにも、より細かく飲食店を表現する言葉があります。違いは感覚的なもので厳密な定義はなく、住む地域や人によっても捉え方が違うようですが、diner「ダイナー」は気取らない雰囲気のレストラン、eatery「イータリー」は飲食店や食べ物を提供する店のイメージでレストランとほぼ同義で使います。また、bar & grill「バー＆グリル」はアルコールと食べ物を提供することを目的とした店で、食べ物は店内で調理して出されるというイメージです。

レストランを予約

予約する

はい、レストラン・コロラドです。〈電話で〉
Restaurant Colorado. May I help you?
Point 電話を取ったときの決まり文句です。

今夜7時から3人で予約をお願いします。
I'd like a table for three at 7 tonight.
言換え 明日の夜：**tomorrow night**　今週の金曜日：**this Friday**
Point I'd like a table for ～ の直訳は「～人用のテーブルが欲しい」。予約を取るときによく使います。 I'd like to make a reservation for ～も同じ意味で使えます。

何名様ですか？
How many people in your party?

日にちはいつですか？
For when?
Point 人数や日にちは一度に伝えられなくても、相手が確認してくれたときに伝えれば大丈夫です。

恐れ入りますが、その時間は満席でございます。
I'm sorry. All our tables are full at that time.

何時なら予約できますか？
What time can I reserve a table?

8時半ではいかがですか？
How about at 8:30 p.m.

それで大丈夫です。
That's fine.

承知しました。お名前を伺えますか？
Certainly. May I have your name, please?

杉田です。
It's Sugita.
Point 名前の伝え方については、P.40も参照してください。

いろいろな問い合わせ

ドレスコードはありますか？

Is there a dress code?

Point 高級な店ほど服装には要注意。予約を取るときに確認しましょう。

関連 「上着が必要ですか？」Should I wear a jacket?
「カジュアルな服装でもいいですか？」Is casual wear OK?

子ども連れでも入れますか？

Can I bring children?

すみませんが、30分ほど（予約時間に）遅れそうです。

I'm sorry. We'll be 30 minutes late.

関連 「予約の時間を延ばしていただけますか？」
I'm wondering if I can extend my reservation.

席をそのまま取っておいてください。

Please keep our reservation.

▶ 8時まで席をお取りしておきます。

We can hold your reservation until eight o'clock.

今夜の予約をキャンセルしたいのですが。

I'd like to cancel my reservation for tonight.

予約を火曜日に変更したいのですが。

I'd like to switch the date of my reservation to Tuesday.

Point swichは「取り替える」という意味。それに対して全く新しいものに変えるときはchangeを使います。

何日前から予約できますか？

How far in advance do you take reservations?

Point in advanceは「前もって、あらかじめ」という意味。farは距離だけではなく、時間についても使うことができ、How far in advanceで「どれだけ前もって」と尋ねる表現になります。

▶ 申しわけありませんが、当日の予約は受け付けておりません。

I'm sorry, we don't make same-day reservations.

▶ ウェブサイトにて予約が可能です。

You can make a reservation on the website.

バースデー・パーティー用のケーキを準備してもらえますか？

Do you provide a cake for a birthday party?

レストランに入る

店に入る

こんばんは。ご機嫌いかがですか？
Good evening. How are you today?

元気ですよ、ありがとう。
Fine, thank you.

予約してある場合

7時に予約を入れています。
I have a reservation for seven.

Point　こちらから声掛けする場合は、Good evening. / Hello. などあいさつの言葉を加えるとより丁寧な表現になります。

かしこまりました。お名前を伺えますか？
Certainly. May I have your name?

佐藤です。
My name is Sato.

予約していない場合

（こちらのお店は）今、営業中ですか？
Are you open now?

（こちらのお店は）何時に閉まりますか？
What time do you close?

私たちは予約していません。
We don't have a reservation.

Point　1人の場合は、WeをIに置き換えます。

席はありますか？
Do you have a table?

Point　人数も一緒に伝える場合は、フレーズの最後にfor two「2人です」などとつけ加えます。

何名様ですか？
How many?

２人です。

Two, please.

Point 簡単にTwo.と言っても問題ありません。より丁寧に伝えるならTable for two, please.と言います。

あいにく、ただいま満席です。

Sorry, all the tables are full right now.

どのくらい待てばいいですか？

How long is the wait?

恐れ入りますが、30分ほどお待ちいただきます。

I'm sorry, but there is a thirty-minute wait.

また来ますよ。

We'll come back another time.

Point 婉曲な断りの表現です。

（席が空くまで）待ちます。

We'll wait.

わかりました。30分後に戻ってきます。

OK. We'll be back in 30 minutes.

ウェイティングリストにお名前を入れますか？

Would you like to put your name on the waiting list?

お願いします。水上と言います。

Yes. The name is Mizukami.

５名でお待ちの水上様（はいらっしゃいますか）？

Mizukami, party of five?

順番になりましたら振動しますので、これをお持ちください。

〈呼び出しベルを渡しながら〉

Take this. It will buzz when your table is ready.

この店、良い雰囲気だね。

This place has a real nice atmosphere.

（店の）見かけは良くないけど、料理は絶品なんだ。

It might not look like much, but the food is delicious.

テーブルに着く

席への案内

窓際のテーブルをお願いできますか？
May I have a table near the window?
言換え ボックス席：**booth**　テラス席：**table on the terrace**
個室：**private room**　バーのカウンター席：**seat at the bar**

喫煙席ですか、禁煙席ですか？
Smoking or non-smoking?

禁煙席にしてください。
Non-smoking, please.

コートをお預かりしましょうか？
May I take your coat?
言換え ジャケット：**jacket**　荷物：**baggage / luggage**

これを預かってもらえますか？
Can I check this with you?
Point レストランやホテルのクロークなどで、買い物の袋や荷物などを預かってもらうときに使うフレーズ。預けたいものが複数のときは、thisをtheseに置き換えます。また、thisの代わりにmy coatなど具体的に伝えてもよいでしょう。takeを使って、Can you take my coat, please?と言うこともできます。

こちらへどうぞ。
This way, please.

こちらのお席でよろしいですか？
Is this table OK?
関連 「お好きな席へどうぞ。」Please sit at any table.

はい、けっこうです。
Yes, it's fine.

席を移ってもいいですか？
Can I have a different table?
Point 2人以上のときは、Iをweに置き換えます。
関連 「あちらのテーブルでもいいですか？」Can we take that table?

店で待ち合わせ

こんにちは。私の連れが先に来ていると思うのですが。

Hi. I wonder if my party is already here.

Point 待ち合わせの相手が確実に先に到着している場合は、「先に連れが来ています」My party is already here.と言ってもよいでしょう。

(店内を)ご覧になりますか?

Would you like to take a look?

ええ、よろしいですか?

Yes. May I do that?

関連 「探してもいいですか?」Do you mind if I have a look? (店内を探したいとき)

あとからもう1人来ます。

Another person will come later.

同行者へ

ここだよ。待っていたよ。〈あとから到着した相手に〉

Here. I've been waiting for you.

Point あいさつについてはP.34も参照してください。

これでみんな揃ったね。注文していい?

OK, everyone is here. Should we order?

ここに座って。〈座ってほしい席に誘導するとき〉

Your seat is here. / Have a seat here.

類似 「上座にお座りください。」You should sit at the head of the table.

今日はあなたのお誕生祝いなので、私たちにごちそうさせてね。

Everything is on us because it's your birthday.

Point 「私にごちそうさせてね」というときは、usをmeに置き換えます。

関連 「今日は割り勘にしましょう。」Let's split the bill today. / Let's go dutch today.

由香里から、少し遅れるって連絡が入ったよ。

Yukari gave me the message that she would be a little late.

楽しみだな。ずっと来たかったお店なの!

I'm so excited. I've been wanting to come here for forever!

(このお店は)口コミの評価が高いのよ。

This place has gotten a lot of good reviews.

料理の注文

飲み物の注文

お飲み物は何になさいますか？
Can I get you something to drink?

アルコール類はいかがですか？
Would you like something from the bar?

Point　from the bar「バーから」という語句から、必然的に提供される飲み物はアルコール類になります。

どんなビールがありますか？
What kind of beer do you have?

辛口［甘口］の白ワインをグラスで１つお願いします。
A glass of dry[sweet] white wine, please.

Point　a glass of ～ は、「～を１杯」というときに使う定型表現。
関連　「ハウスワインの赤を1杯もらえますか？」
Can I have a glass of red house wine?

ワインリストを見せていただけますか？
May I see the wine list?

地元の特産ワインはありますか？
Do you have any local wines?

手頃な赤ワインを選んでいただけますか？
Could you suggest a reasonable red wine?

WORDS ❖ 飲み物

アルコール飲料	alcohol	ノンアルコール飲料	non-alcoholic drink(beverage)
食前酒	aperitif	生ビール	draft beer
ロゼワイン	rosé wine	シャンパン	champagne
地ビール	craft beer	スパークリングワイン	sparkling wine
日本酒	sake*	～の水割り	～ and water
コーラ	cola	ウーロン茶	oolong tea

*発音は「サケ」ではなく、[sάːki]（サーキィ）となります。

外食をする ● 料理の注文

このワインをボトルでお願いできますか？
May I have a bottle of this wine, please?
Point a bottle of ～ の直訳は「～を１瓶」で、飲み物をボトルで頼むときに使います。デカンタで注文するときは、a decanter of ～ と言います。

このワインはグラスで注文できますか？
Do you serve this wine by the glass?

私には水だけください。
Just water for me, please.
類似 「お水を１杯いただけますか?」May I have a glass of water, please?

ミネラルウォーターを１本お願いします。
I'll have a bottle of mineral water, please.

炭酸なしでレモンを添えてお願いします。
Non-carbonated with lemon, please.
言換え 炭酸入り：**carbonated**
Point 「炭酸なし」をstill、「炭酸入り」をsparklingとも言います。

料理の注文

日本語のメニューはありますか？
Do you have a menu in Japanese?

▶ 申しわけありませんが、準備しておりません。
I'm sorry, but we don't have one.

すみませんが、勘定を別々にしていただけますか？
I'm sorry, but could you give us separate checks, please?
Point 注文するときにあらかじめ言っておかないと、「割り勘」ができない場合があります。また、相手に手間をかけることになるのでI'm sorryとひと言添えましょう。

▶ ご注文はお決まりですか？
Are you ready to order?

もう少し待ってください。
We need more time, please.

すみません。〈店員への呼び掛け。軽く手をあげて〉
Excuse me.
Point テーブル担当のウェイターやウェイトレスに声掛けをするときに使います。

注文をお願いしたいのですが。
I'd like to order, please.
類似 「注文してもいいですか?」Can I order?

ラザニアと落とし卵をトッピングしたほうれん草サラダをお願いします。
I'll have the lasagna and a spinach salad topped with a poached egg.
Point I'll have 〜 は注文するときの定番表現です。何品か頼むときは料理名をandでつなげて伝えればよいでしょう。なお、topped with 〜 で「〜をトッピングした」という意味になります。

これにします。〈メニューを指しながら〉
I'll have this.
Point メニューがとっさに読めないときなどに便利な表現。複数のメニューを注文するときは、順番に指さしながら、this and this …… と示していけばOK。

あちらの方が食べているのと同じものをお願いします。〈別のテーブルを見ながら〉
I'd like what he/she is having.

私も同じものをお願いします。
I'll have the same.

ほかにご注文は?
Anything else for you?

チキンスティックをお願いします。
Chicken strips, please.

セットメニューはありますか?
Do you have a combo menu?
Point comboはcombinationの略で、日本語の「セット」にあたる言葉です。

飲み物はセットに含まれていますか?
Are drinks included?

以上です。お願いします。
That's all. Thank you.

注文を変えてもいいですか?
Can I change my order?

料理を1品キャンセルしてもらえますか?
Can I cancel one dish?

料理について尋ねる

おすすめの料理は何ですか？
What do you recommend?

おすすめのシーフード料理を教えてもらえますか？
Can you recommend a good seafood dish?

地元で人気の名物料理を食べてみたいのですが。
I'd like to try some local specialities that are popular.

これはどんな料理ですか？〈料理名などを指さして〉
What kind of dish is this?

この魚は何ですか？
What kind of fish is this?

こちらはマスです。
▸ **This is trout.**
Point　よく使われる魚介類の名前を覚えておくといいですね（→P.110）。

カジュアルレストランのメニュー

カジュアルなお店でメニューを頼むときは、**飲み物＋前菜＋メインディッシュ＋デザート**を基本構成と考えるとよいでしょう。メインディッシュにはサイドメニューがつきます。デザートも含めて前菜、アラカルトなどは、おなかのすき具合と相談して頼めばよいでしょう。ここでポイントを2つ。

メニューに **served with ～ / side of ～** と書かれていたら、その料理には何かがついてきます。例えば、**Served with french fries** とメニューの脇にあったら、「一緒にフライドポテトがついてきます」という意味です。

サイドメニューの選択肢も、**Served with green salad or potato**（グリーンサラダまたはポテトがつきます）というように書かれていることがあります。

メニューに **your choice of ～** と書かれていたら、そのあとの **or** で示された選択肢から1つ選びます。この表現は、サラダのドレッシングやトッピング、サンドイッチのチーズなどメニューのあちこちに出てきます。選択肢が or で挟まれているだけのときもあります。**or は何か選ぶときのサイン**と覚えておきましょう。

このマスはどのように料理されるのですか？
How is the trout prepared?

網焼きです。
It's grilled.

Point 代表的な調理方法の表現も覚えておくと便利です。次ページの下にある表を参考にしてください。

ガーデンサラダをお願いします。
I'd like the Garden Salad.

Point I'll have ～の代わりにI'd likeも使えます。

ドレッシングは何になさいますか？
What kind of dressing would you like?

WORDS ❖ 料理の素材

肉類：meat

牛肉	beef	仔牛	veal	鶏肉	chicken
羊肉	mutton	仔羊	lamb	豚肉	pork
カモ肉	duck	サーロイン	sirloin	もも肉	thigh
あばら肉	rib	ひれ肉	fillet	骨付き肉	bone chop

魚介類：seafood

マグロ	tuna	イワシ	sardine	ナマズ	catfish
メカジキ	swordfish	ニジマス	rainbow trout	アジ	horse mackerel
フエダイ	red snapper	舌ビラメ	sole	イカ	squid
ウナギ	eel	ロブスター	lobster	エビ	shrimp / prawn
カニ	crab	カキ	oyster	ムール貝	mussel
アサリ、ハマグリ	clam	ホタテ	scallop	貝類、甲殻類（特に食用になるもの）	shellfish

野菜：vegetables

にんじん	carrot	キャベツ	cabbage	ピーマン	green pepper
なす	eggplant	ほうれん草	spinach	さつまいも	sweet potato
かぼちゃ	pumpkin	さといも	taro	長ねぎ	spring onion
ハーブ	herb	ゴマ	sesame	しいたけ	shiitake mushroom

どんな種類のドレッシングがありますか？
What kind of dressing do you have?

サウザンドアイランドとフレンチがございます。
We have Thousand Island and French.

言換え イタリアン：**Italian**　ブルーチーズ：**blue cheese**
シーザー：**Caesar**　ハニーマスタード：**honey mustard**

Point サラダのドレッシングやトッピングをいろいろ選べるお店も多いので、メニューをチェックしてみましょう。

フレンチドレッシングにします。
I'd like the French dressing.

関連 「ドレッシングを（かけないで）別にしていただけますか?」
May I have the dressing on the side?

玉ねぎ抜きでお願いします。
No onions, please.

彼女にはこのステーキディナーをお願いします。〈メニューを示しながら〉
This steak dinner for her, please.

焼き加減はどういたしますか？
How would you like your steak?

ミディアムレアでお願いします。
Medium-rare, please.

言換え レア（軽く火を通す程度）：**Rare**
ミディアムレア（レアとミディアムの中間）：**Medium-rare**
ミディアム（半焼）：**Medium**　ウェルダン（よく焼く）：**Well-done**

カロリーがあまり高くない料理はありますか？
Do you have any low-calorie dishes?

WORDS ❖ 料理の調理法

窯やオーブンで焼いた	baked	蒸した	steamed
フライパンなどで焼いた	pan-fried	揚げた	deep-fried
唐辛子やスパイスをまぶして強火であぶった	blackened	表面をサッと焼いた（中は生）	seared
照りをつけた	glazed	あぶり焼きにした	broiled / roasted
マリネした	marinated	燻製にした	smoked
ゆでた	boiled	酢漬けにした	pickled

外食をする ● 料理の注文

何か食べられないものはありますか？
Do you have any dietary restrictions?

Point　dietary restrictionsは「(食物アレルギーやベジタリアン、宗教上の理由などの) 食事制限」という意味です。アメリカのレストランではよく尋ねられる表現です。

関連　「好き嫌いはありますか?」Is there anything you don't like?

ベジタリアンメニューはありますか？
Do you have a vegetarian menu?

私は卵アレルギーです。
I'm allergic to eggs.

言換え　小麦：**wheat**　乳製品：**dairy products**　ピーナッツ：**peanuts**　大豆：**soy beans**

関連　「それらが入っていない料理はありますか?」
Do you have any dishes without them?

この料理は辛いですか？
Is this dish hot?

Point　hotは唐辛子などに代表される、口の中や体が熱くなるようなヒリヒリ・ピリピリした辛さだけではなく、アツアツの料理についても使います。spicyは香辛料を使った刺激的な辛さで、辛さだけでなく香辛料が効いているときに使います。

食べ物についての制限

個人的な体質や信条、宗教上の理由で食事制限がある人もたくさんいます。気配りが必要な場合は、あらかじめ Do you have anything you can't eat?「食べられないものはありますか？」などと尋ねるとよいでしょう。また、自分が探すときも、I'm looking for a vegetarian restaurant.「ベジタリアン向けレストランを探しています」などと伝えるとスムーズです。

vegetarian	ベジタリアン、菜食主義の	肉、魚など動物性たんぱく質を避ける
vegan	ヴィーガン、完全菜食主義の	ベジタリアンより厳格、卵や乳製品も避ける
kosher	コーシャー	ユダヤ教徒用のメニュー、具材や調理法に決まりがある
halal	ハラル	イスラム教徒用のメニュー、具材や調理法に決まりがある

あまり辛くしないでもらえますか？

Can you make it a little mild?

Point a little mildの代わりにonly lightly seasonedとすると「味を薄めに」という意味になります。

これは量が多いですか？

Is this a big serving?

量を少なめにしてもらえますか？

Can you make it smaller?

言換え 大盛り：**extra-large sized**　　多め：**a little larger**
半分に：**half sized**

類似 「少なめの量でお願いできますか?」
Could you serve me a small portion only, please?

同行者とメニューの相談

さっきパフェを食べたばかりで、あまりおなかがすいてないんだよね。

Hmm, I just ate a parfait, so I'm not that hungry.

どれもおいしそうで、迷っちゃうな。

Everything looks so delicious, I can't decide.

類似 「A かBにするか迷ってしまう。」I'm not sure if I want the A or the B.

これを分けて食べない？

Do you want to share this with me?

類似 「これを注文してみんなで分けるのはどう?」
How about I order this and we all share?

みんなでシェアして食べる？　それとも個別に好きなものを頼む？

Do you want to share everything? Or should we all order our own dishes?

注文しすぎじゃない？　食べ切れる？

Did we order too much? Can we finish it?

WORDS ❖ 「味」の表現

甘い	sweet	苦い、渋い	bitter
辛い	hot	酸っぱい	sour
塩辛い	salty	旨み	umami*

*「旨み」は欧米では認識されるのが遅かったため、日本語から借用して表現する場合も多くみられます。

外食をする ● 料理の注文

店員とのやりとり

テーブルに料理が並んで

こちらはステーキです。ごゆっくりどうぞ。
Here's your steak. Enjoy your meal.

ありがとう。おいしそうですね。
Thank you. It looks so good.

（以上でご注文は）すべてお揃いですか？
Is everything OK?
Point 食事中にこの質問をよく受けます。「何かほかにご注文は?」の意味も含まれています。

はい。大丈夫です（すべて揃いました）。ありがとう。
Yes. Everything is fine, thank you.
Point 場面によっていろいろな意味になります。P.115のコラムも参照してください。

これはどうやって食べるのですか？
How do you eat this?

これも食べられますか？
Is this edible?

メニューが違ったとき

これはガーデンサラダですか？
Is this the Garden Salad?
関連 「シーフードパスタを頼んだのですが。」I ordered seafood pasta.

これは注文していません。
I didn't order this.

オーダー（注文）を確かめてください。
I wonder if you could check on our order.
Point 注文した料理が来ないときや、間違っていたときに便利な表現です。「料理はまだですか?」という直接的な表現は避けたほうがよいでしょう。

このつけ合せにはフライドポテトを注文したのですが。
I ordered french fries with this.
Point french friesは「フライドポテト」のこと。フライドポテトは和製英語です。

いろいろなお願い

すみません。お皿を別にいただけますか？

Excuse me. May I have an extra plate?

言換え ナプキン：**napkin**　お手拭き：**wet towel**

Point 問い合わせやお願いのフレーズの前にExcuse me.やExcuse me, but ～ をつけると、丁寧な表現になります。

幼児用の（背の高い）椅子はありますか？

Do you have a high-chair?

Point 椅子に乗せて使う幼児用の補助椅子はbooster seatと言います。

フライドポテトにかけるケチャップをもらえますか？

Can I have ketchup for my fries?

Point ここでfriesはfrench fries「フライドポテト」の略として使っています。

ソースをもう少しもらえますか？

Can I get some more sauce?

言換え パン：**bread**

ステーキ（用）ナイフをいただけますか？

Could you bring me a steak knife?

● お店の人からの食事中の問いかけ ●

食事中に給仕が、How's everything? / Is everything OK? などとよく尋ねてきます。これは、「（食事は）どうですか？」あるいは「（お食事は）ご満足いただいていますか？」といった決まり文句で、お客様への**気遣いとおもてなしの言葉**です。こんなときは、Yes, everything is fine. **「ええ、すべて大丈夫（おいしい）ですよ」**あるいは It's great! **「おいしいですね！」**などと答えましょう。

また、「スプーンをもう１つ欲しい」などの要望があるときは、このタイミングでお願いします。給仕は複数のテーブルを担当しているため、あと回しにすると自分のテーブルのそばからいなくなってしまうこともあります。

日本と違い**「すみません」と大きな声で呼ぶのはマナー違反**です。静かに給仕のほうを見てアイコンタクトを取るか、小さく手を振るなどして気づいてもらうようにしましょう。お互いにとって気持ちの良い対応もおいしい食事の一部です。

トラブル

フォークを落としてしまいました。
I dropped my fork.

（新しく）きれいなものをもらえますか？
Can I get a new one?

（肉などに）火が通っていません。
This is a little undercooked.

言換え▶ 火が通りすぎ（です）：**overcooked**

料理に何か入っています。
I think there is something in my food.

Point 料理に虫、髪の毛、卵の殻などが入っていたときは、具体的に指摘せずにsomethingを使うことをおすすめします。

飲み物をこぼしてしまいました。
I've spilled my drink.

テーブルを替えていただけますか？
I wonder if we could switch tables.

グラスを落としてしまいました。
I dropped my glass.

Point 落としたグラスが割れてしまったときも、「グラスを落としました」と言いながら床を指し示すことをおすすめします。「グラスを割る」「グラスが割れた」という表現は、食事中のレストランでは使わないほうがよいでしょう。

ビールをもう１杯もらえますか？
Can I have another beer?

ポテトをもう１皿もらえますか？
Can I get another serving of potatoes?

コーヒーのお代わりをいただけますか？
May I have some more coffee, please?

▶ コーヒーのお代わりは（いかがですか）？
More coffee?

Point コーヒーを頼むと、食事中に何回も給仕がコーヒーポットを持ってテーブルに来ます。

デザート

お皿を下げてもよろしいですか？
May I take your plate?

はい、お願いします。
Yes, please.

いいえ、まだ食べ終えていません。
No, I'm not finished.

（食べ残りを）持ち帰りたいのですが。
Can you wrap this up for me?

Point I'd like to take this with me. / Can I take home the leftovers? と言ってもよいでしょう。

デザートはいかがですか？
Would you care for dessert?

Point Would you care for ～ は、Would you like ～ と同じ意味です。

お願いします。デザートメニューはありますか？
Yes, please. Do you have a dessert menu?

デザートは別腹なんだよね。
I still have room for dessert.

Point roomには「部屋」のほかに、「余地、スペース」という意味があります。

うーん、（デザートに）何食べようかな？
Let's see, what should we have (for dessert)?

いいえ、（私たちは）もうけっこうです。おなかがいっぱいです。
No, we don't think so. We are full.

Point don't think so「そうは思わない」は、丁寧な断りの言い方として使われる場合があります。

お持ち帰り

アメリカでは食べきれなかった食事を持ち帰ることは日常的に行われます。提供される食事の量がたいてい日本よりも多いので、完食できないこともまれではありません。**doggy bag** と呼ばれる持ち帰り用の袋に詰めてくれる店もあれば、持ってきてくれた空き容器に客が自分で詰める店もあります。もしかしたら、2日目のカレーのように次の日に食べるほうがおいしい料理もあるかもしれません。ただし、翌日食べたほうがおいしいフライドポテトは絶対に存在しませんが……。

食事中のおしゃべり

店・料理について

ここのお店はシーフードで有名なんだ。
This restaurant is famous for its seafood.

関連「このお店の名物はオムレツなんだ。」
This restaurant's omelets are to die for.

おいしいね！
So good!

Point お店の人が尋ねてきたときにも使えます。

おいしそうでよだれが出そうだ。
This all looks mouth-watering.

冷めるから、早く食べよう。
Let's eat before it gets cold.

ここのハンバーガーがいちばんおいしいと思うな。
I think this place's hamburgers are the best.

食べたことがない味だね。
I've never tasted anything like this before.

次は、中華バイキングに行かない？
Do you want to go to the Chinese buffet next time?

Point buffetは、用意された料理の中から好きなものを自分でとるスタイルの食事のこと。なお、all-you-can-eatは制限なく食べられるという意味です。

関連「制限なしの食べ放題だよ。」It's all-you-can-eat with no time limit.

食感・味について

サクサクの歯ごたえがいいね。
I like the crispiness.

とてもいいにおい！
This smells delicious!

Point deliciousの代わりにgoodも使えます。

ちょっと臭くて、私は苦手かな。
The smell kind of turns me off.

濃厚でクリーミーだな。
It’s rich and creamy.

まさに私好みの味だね！
Just the way I like it!

やわらかくて食べやすいね。
It’s soft and easy to eat.

Point softには、「口当たりのよい、さっぱりした」という意味もあります。

これかたくない？　食べづらいなあ。
It’s kind of tough, right? It’s a little difficult to eat.

このブルーチーズはなかなかにおいが強いね。
This blue cheese smells a little strong.

Point strongはチーズなどのにおいが強いときに使います。ただし、必ずしも否定的な意味合いではありません。

少しベチャベチャしていて私の好みじゃないな。
This is a little too soggy for my taste.

ちょっと薄味かな。もう少し塩気があるといいね。
This is a little bland. It could use a little salt.

WORDS ❖ 食べ物の触感・におい

かたい	tough	やわらかい	tender
ベタベタしている	sticky	汁気が多い	juicy
フルーツ（果物）のような味	fruity	油っこい	greasy / oily
かみごたえがある	chewy	しっとりした	moist
薄い（コーヒー・スープ・ソースなど）、薄味の	mild / weak	濃い（コーヒー・スープ・ソースなど）	strong
バリバリした、ザクザクした	crunchy	サクサクした	crispy / crisp
ふわふわな	fluffy	ぷるぷるした	like jelly
ドロッとした	thick	シュワシュワな	bubbly / fizzy
（胃に）軽い	light	（胃に）重い	heavy
においがきつい	smelly	臭い（新鮮ではない魚臭さ）	smells fishy

会計・店を出るときに

会計

チェック（勘定）をお願いします。
Check, please.

明細でございます。
Here is your check, sir/ma'am.
Point 店員がレシートを持ってきたときに、Thank you. のひと言を忘れずに。

すみません。これは税金ですか、それともチップですか？〈チェックを見ながら〉
Excuse me. Is this the tax or the tip?

それは税金です。
That's tax.

すみませんが、この明細は間違っています。
I'm afraid there is a mistake on the check.
関連 「料理代にはサービス代も含まれております。」
The meal includes service charge.

私はビールを注文していません。
I didn't order any beer.

もう一度確認していただけますか？
Could you check it again, please?

店員とあいさつ

お食事をお楽しみいただけましたか？
Did you enjoy your meal?

お食事は（全体的に）いかがでしたか？
How was everything?

はい、とてもおいしかったです。
Yes, it was very good.

（すべて）とても良かったですよ、ありがとう。
Everything was fine, thank you.

おつりは取っておいてください。

Please keep the change.

Point　おつりをチップとして渡したいときに使うフレーズです。

これはあなたに。〈チップを渡しながら〉

This is for you.

ありがとうございました。またお越しください！

Thanks and come again!

ありがとう。また来ます。

Thank you. I'll be back.

● 支払いとチップ ●

アメリカのレストランでは、ファストフード店以外は**必ずチップを払うのが習慣**です。カジュアルなレストランで食事代の15～20%、高級なレストランで20～25%くらいです。チップが当たり前の習慣となっているため、店は雇用者の給料を低く設定しています。時には、最低賃金までの差額はチップが払うだろうと決めつけ、最低賃金より低い額を支払っている店もあるほどです。チップは給仕へのサービスに対するボーナスではなく、**チップまで含めて食事代**だと捉えてください。

●支払いの手順

〈カード払いの場合〉

①カードホルダーにクレジットカードを挟む。カードはホルダーから少し見えるように出し、テーブルの端に置くようにすると店員に気がついてもらいやすい。

②店員がカード・伝票・ボールペンを持ってきたら、合計金額の下にチップ金額を書き込んでサインする。
チップはカードの使用計算書へ合算せず、別払いとして現金でバインダーに挟んでもOK。現金でチップを渡す場合は、レシートにチップ金額を書き込まないようにする。

③自分用の伝票だけ持ち帰る。

〈現金払いの場合〉

①お金を伝票と一緒に置く。紙幣の場合は風で飛ばないように注意。

②おつりをチップとして渡す場合は、店員が伝票と代金を取りにきたときにKeep the change.と言って、店員がレシートを持ってくるのを待つ。そうでないときは、おつりを受け取ったあとにチップをトレイ（または伝票ホルダー）に入れる。

ファストフード店・カフェ

ハンバーガーショップ

いらっしゃいませ。
May I help you?

こちらで召し上がりますか、それともお持ち帰りですか？
For here or to go? ［米］
Eat in or take away? ［英］
Point　Eat in or take away? はオーストラリアでも使います。

ここで食べます。
For here, please. ［米］
Eat in, please. ［英］

持ち帰ります。
To go, please. ［米］
Take away, please. ［英］

２番のセットをお願いします。
No.2 combo, please.
Point　combo (→ P.108) の代わりに、(value) mealと言うこともあります。

フライドポテトの小を１つください。
One small order of french fries, please.
Point　いろいろなサイズがある場合、必ず聞かれるので最初から希望のサイズも言えるといいですね。また、複数の品を注文する場合、オーダーしたい料理名をandでつなげればよいでしょう。

お飲み物はいかがですか？
Anything to drink?

Mサイズのコーラをください。
A medium coke, please.
言換え▶　Sサイズ：**small**　　Lサイズ：**large**
Point　サイズは頭文字で言わず単語で伝えます。

（オーダーは）以上ですか？
Will that be all?

外食をする ● ファストフード店・カフェ

それでOKです。
That'll be all.

紙ナプキンを入れてもらえますか?
Can I have some paper napkins?

袋は要りません。
I don't need a bag.

テーブルを片づけてもらえますか?
Could you clean the table, please?

トレイはこのままでいいですか?
Can I leave the tray here?

(店内に) ペットも入れますか?
Are pets allowed in here?

▶ テラス席でしたらいいですよ。
They are allowed on the terrace.
関連 「中に入れてもいいですよ。」 You can bring them in.

コーヒーショップ

カフェイン抜きのコーヒーをお願いします。
I'll have a decaf coffee.
Point decafは、decaffeinated「カフェイン抜きの、ノンカフェインの」の省略形です。

クリームと砂糖もお願いします。
With cream and sugar, please.

このカップケーキは持ち帰りできますか?
Can I get this cupcake to go?

チーズケーキを1つください。
I'd like a piece of cheesecake.
Point ケーキなどは、「数字+piece of 〜」で言い表すのが一般的です。2切れだったら、two pieces of 〜 となります。

▶ ケーキにホイップクリームを添えましょうか?
Would you like whipped cream with your cake?

▶ ミルクと砂糖はカウンターの隣にあります。
Milk and sugar are next to the counter.

サンドイッチ・ホットドッグ

ハムとチーズのサンドイッチをください。
I'd like a ham & cheese sandwich, please.

▶ パンはどれにしますか？
What kind of bread?

Point まず最初にパンの種類を選びます。

食パンをお願いします。
White, please.

Point white (bread) は日本で言えば一般的な食パンのことです。

言換え 小麦のパン：**wheat**　ライ麦パン：**rye**
サワードウ：**sourdough**（生地を発酵させたパン）

▶ 何をのせますか？
What do you want on it?

玉ねぎ以外、全部お願いします。
Everything but onions.

Point トッピングの種類もいろいろとあります。苦手な食材を除いて注文できます。

レタスをお願いします。
Lettuce, please.

言換え トマト：**Tomatoes**　スプラウト（新芽野菜）：**Sprouts**
唐辛子：**Peppers**　砕いたカリカリベーコン：**Bacon bits**

Point 野菜などをのせないで肉だけを頼みたい場合は、Nothing, please.と言います。

▶（トッピングを）全部のせますか？
With everything?

いいえ、マヨネーズとトマトだけにしてください。
No, just mayonnaise and tomatoes, please.

Point 口語表現でmayonnaiseをmayoと略して言う場合もあります。ここでのjustは「～だけ」という意味です。

マスタードは多めにしてください。
Heavy on the mustard, please.

言換え 少なめに：**easy on**

▶ マスタードとケチャップをかけますか？
Would you like mustard and ketchup?

外食をする ● ファストフード店・カフェ

マスタードは抜いてください。
No mustard, please.

何のチーズにしますか？
What kind of cheese?

スイスチーズをお願いします。
Swiss cheese, please.

パンをトーストしますか？
Would you like the bread toasted?

言換え 温めますか：**heated up**

パンの耳を取ってください。
I'd like to have the bread crust removed.

アイスクリームショップ

チョコレートチップのアイスをシングルでください。
I'd like a single scoop of chocolate chip.

Point single scoopは「アイスクリームすくい（ディッシャー）で1杯」の意味。「2杯（2つ分）」の場合はdouble scoopと言います。

カップですか、コーンですか？
Cup or cone?

カップにしてください。
Cup, please.

Point coneはアイスクリームをのせる円すい型の容器のことで、poke（アイルランドとスコットランド）またはcornetとも呼ばれます。日本語の発音からトウモロコシを想像しがちですが、通常小麦粉から作られます。

これを試食してもいいですか？
Can I try this?

これはおいしいですね。
This is good!

類似 「これは、私にはこってりしすぎ。」This is too rich for me.

ブルーラズベリーのかき氷を1つください。
One blue raspberry snow cone, please.

Point 円すい型の容器に入っている「かき氷」をsnow cone、カップに入っているものをshaved iceと言います。

飲み会・バー

店に入る

いらっしゃい。何にしますか？
Hi, what can I get you?

身分証明書を見せてもらえますか？
Can I see some ID?

Point 入店時やアルコール類の飲み物をオーダーする際に、年齢を確認される場合があります。アルコール飲料の注文や購入ができる年齢は国によって異なります。

注文する

ハイネケンをください。
I'll have a Heineken.

瓶ですか、それとも生ですか？
Bottle or draft?

生でお願いします。
Draft, please.

アレックスビールのビターを１杯もらえますか？
May I have a glass of "Alex's" bitter, please?

Point イギリスやオーストラリアでよく使われる表現です。bitterはその名のとおりやや苦味の効いた茶色または薄茶色のビールです。通常の色のビールはlager（ラガー）と呼ばれています。

WORDS ❖ お酒関連の単語

カクテル	cocktails	ブランデー	brandy
ウィスキー	whiskey (whisky)	スパークリングワイン	sparkling wine
モルト	malt	グレーン	grain
ラム	rum	ジン	gin
ウオッカ	vodka	テキーラ	tequila
辛口の	dry	甘口の	sweet
ロックで	on the rocks	ストレート	straight

1パイントですか、それとも半パイント？
One pint or a half pint?
Point pint「パイント」はイギリスで使われている量を表す単位です。1パイントは約570mlです。

1パイントでお願いします。
A pint, please.

スコッチの水割り［ソーダ割り］をください。
Scotch and water[soda], please.

バーボンはどんな銘柄がありますか？
What kind of bourbon do you have?

このお店はお酒の種類がたくさんあっていいですね。
This place is well-stocked with many kinds of alcohol.
Point well-stocked with ～ は「～が豊富に取り揃えられている」という意味です。

ダブルにしてください。
Make it a double, please.

もう1杯いかがですか？
Would you like another one?

いいえ、けっこうです。
I'm fine.
Point この場合はNo, thank you.の意味になります。

同じものをもう1杯ください。
I'll have the same one again. / Give me another, please.

何か甘いもの（カクテル）を作ってもらえますか？〈バーテンに〉
Can you make something sweet?
言換え フルーティーな：**fruity**　酸味のある：**sour**

何かノンアルコール飲料はありますか？
Do you have any non-alcoholic beverages?
関連 「アルコールは飲まないんです。」I don't drink alcohol.

何かおつまみはありますか？〈お店の人に〉
Do you have any snacks?
Point snacksの代わりに、nibbles / finger foodなどと言ってもよいでしょう。

飲み会

酔っぱらっちゃったみたい。

I think I'm drunk.

関連 「あまり飲みすぎないでね。」Don't drink too much.

ちょっと外の空気を吸ってくるよ。

I'm going to get some fresh air.

Point 酔いざまし以外にも、少し外に出たいときなどに使います。

酔いをさまさないと。

I need to sober up.

Point sober upで「酔いをさます」という意味になります。

いける口ですねえ！

You sure can hold your liquor!

Point can hold one's liquorは「(酒が) 強い、(酒に) 飲まれない」という意味。逆に「(お酒が) 弱い」という場合はcan't hold one's liquorと言います。例文中のsureは、この場合「本当に、たしかに」という意味です。

関連 「酒はお強いのですか?」Can you drink a lot?

もう1軒行きましょう。

Let's go to another bar.

支払い

(まだ飲むので) あとでまとめて支払ってもいいでしょうか？

Can I run a tab?

Point バーでの支払いは注文した飲み物や食べ物を1回ごとにチップと一緒に渡すことが多く、これをcash on delivery (COD) と言います。tabは主にアルコール飲料のチェック (勘定書) を表す口語表現で、run a tabはまとめて後払いすること。つまり、お店の人に「2杯以上飲みますよ」と伝えることになります。

お勘定をお願いします。

Check, please.

私のおごりね。

It's on me.

Point I've got this one.も同じ意味です。

関連 「今 [次] 回は私がおごるよ。」This[Next] round's on me.

第6章

ショッピング

ショッピングに出かける
店内での会話
衣料品
バッグ・靴
アクセサリー・時計
化粧品
小物・日用品・おみやげ
ドラッグストア
スーパーマーケット
包装・発送
会計
交換・返品・返金

ショッピングに出かける

店を探す

買い物に行かないと！
I need to go shopping!

友人への贈り物を買いたいんです。
I'd like to buy a gift for my friend.
言換え▶ おみやげ：**souvenir**　プレゼント：**present**

日本では買えないようなものを探しています。
I'm looking for something I can't get in Japan.

いちばん近いスーパーはどこですか？
Where is the nearest supermarket?
言換え▶ いちばん大きい：**the biggest**

夜遅くまで営業しているスーパーはありますか？
Is there a supermarket that's open late?

ショッピングモールへはどう行けばいいのですか？
How do I get to the shopping mall?
Point shopping mallは主にアメリカで使われます。イギリスでは、shopping centreと言います。

今日、このあたりでファーマーズマーケット（農産物市場）は開いていますか？
Is there a farmers' market around here open today?
言換え▶ フリーマーケット（蚤の市）：**flea market**

近くにメガネ専門店はありますか？
Is there a glasses shop near here?

電球を買えるお店を探しています。
Is there somewhere where I can buy light bulbs?

革製のバッグを買うのにいい店を教えていただけますか？
Could you recommend a shop where I can buy leather bags?

薬局へはどう行ったらいいですか？
How can I get to a drugstore?

店について尋ねる

そのお店の名前は何ですか？
What's the name of that store?

そこでは有名なブランド品を販売していますか？
Do they sell name-brand items?

そのお店はセールをしていますか？
Is the store having a sale?

それらのお店は毎日開いていますか？
Is that store open every day?

その店の営業時間は？
When are the stores open?

関連 「お店（複数）は何時に開店しますか［閉店しますか］？」
When do the stores open[close]?

ブラックフライデーの日にこのお店は開いていますか？
Will this store be open on Black Friday?

言替え クリスマス：**Christmas**　お正月：**New Year's Day**
週末：**weekends**

あの店はいつも割高だよ。
That shop is usually a little overpriced.

このあたりに1ドルショップはありますか？
Is there a dollar store in the area?

Point アメリカやカナダにも、日本の100円ショップのように均一価格で商品を売るdollar storeがあります。

WORDS ❖ お店の種類

デパート	department store	アウトレットモール	outlet mall
スーパーマーケット	supermarket / grocery store*	八百屋	greengrocer
電気店	electronic appliance store	金物屋	hardware store
コンビニ	convenience store	市場	market
薬局	pharmacy / drugstore［米］ chemist［英］	書店	bookstore［米］ bookshop［英］

*日用品・食料品などが売っている総合スーパー

店内での会話

売り場などを探す

ラルフローレン（の商品）はどこですか？〈売り場で〉

Where can I find Ralph Lauren?

言換え▶ Yシャツ：**dress shirts**　ネクタイ：**ties**

婦人服［紳士服］売り場はどこですか？

Where is the women's[men's] clothing department?

Point　ここでのdepartmentは「売り場」の意味です。省略しても通じます。

エスカレーター［エレベーター］はどこですか？

Where is the escalator[elevator]?

Point　エスカレーターに乗るときのマナーは国によって違います。段の一方に寄って通り道を作る必要はありません。また、国によっては後ろから追い抜くとマナー違反になりますので注意しましょう。なお、イギリスではエレベーターのことをliftと言います。

何階ですか？

Which floor are you going to?

Point　エレベーターの中で、ほかの人の目的階を尋ねるときの表現です。Which floor?だけでもOKです。答え方は、5階ならFifth floor, please.と言います。

海外で買い物をするときの注意

海外で買い物をするときには、次のような点に留意しましょう。

- 店員があいさつしてきたときに黙っているのはマナー違反。**Hello! / Good morning!** など、簡単でいいのであいさつを返しましょう。
- 高級店に入店するときは、**服装がラフになりすぎないよう**に気を配りましょう。スタッフの対応にも影響します。
- 商品について尋ねるときなどは、**入店時に声掛けしてくれたスタッフ**に。その人が、あなたの担当者になります。
- 商品に触れたいときは、**ひと言声を掛けて**許可を得てからにしましょう。
- 買い物の荷物は増えやすいもの。増えた荷物は **checkroom「預かり所」などに預けましょう。** たくさんの荷物を抱えながら売り場を回っていると、うっかりして忘れ物やスリ・置き引きの被害に遭う可能性が高くなります。

店員との会話

何かお探しですか？
▸ **How can I help you?**

Point May I help you? もほぼ同じ意味で使われます。

あれを見せてもらえますか？〈商品を指し示して〉
May I see that?

これはいくらですか？
How much is it?

これはセール品ですか？
Are these on sale?

こちらは30%オフの商品です。
▸ **This item is 30% off.**

関連 「値札から30%引きなのですか？」30% off the tag price?

30ドルくらいのものを買いたいのですが。
I want to buy something around 30 dollars.

これは私の探しているものではありません。
This is not what I'm looking for.

WORDS ❖ 施設・売り場

施設：facility			
売り場案内	store directory	ロッカーコーナー	locker area
レジ	cashier / register	託児所	babysitting room
駐車場	parking lot［米］ car park［英］	レストラン街	food hall / restaurant floor

売り場：department			
化粧品	cosmetics	宝石、貴金属	jewelry
化粧品、衛生用品	toiletries	おもちゃ	toys
家電製品	home electrical appliance	電子機器	electronics
家具	furniture	文房具	stationery
日用品	everyday products	スポーツ用品	sporting goods

ちょっと高いですねえ。
It's a little bit expensive.

もう少し安い品はありませんか？
Do you have a more reasonable one?

こちらは値下げ品です。
▶ **These are discounted items.**

同じもので白はありますか？
Does this come in white?

Point　この場合のcome in は「～の形（色・大きさ）などで売られる」という意味です。大きさが違うものが欲しいときは、次のように言うとよいでしょう。
例「同じものでもっと大きい［小さい］サイズはありますか?」
Does this come in a bigger[smaller] size?

ただ今、在庫切れです。
▶ **It's out of stock now.**
類似「売り切れです。」It's sold out.

手に取ってみてもいいですか？
May I touch this?
類似「これを見てもいいですか?」May I see this?（手に取らず見るだけのとき）

売り場でおしゃべり

どっちを買ったらいいかなあ？
Which one should I get?
関連「何を買おうかな?」What should I get?

両方買ったら？
Why don't you buy both?

あ、これはコスパがいいね！
Oh, this is good quality for the price!
Point　good quality for the priceは、「その値段の割に質が良い」ことを言います。

どれも素敵だね。
They're all perfect.

何かかっこいいよね。
There's something really cool about it.

やばい、また衝動買いしそう。
Oh no, I'm about to start impulse buying.

ユニクロのシャツ、また同僚とかぶっちゃうかも。
My co-worker and I might have bought the same shirt from Uniqlo again.

買わないとき

見ているだけです。ありがとう。
I'm just looking. Thank you.

Point lookingの代わりにbrowsingと言っても同じ意味です。

少し考えます。
I'll think about it.

類似 「ちょっと考えさせてください。」Let me think about it.

すみませんが気に入りません。
Sorry, but I don't like it.

今回はやめておきます、ありがとう。
I'll pass this time, thank you.

品物を決める

これをください。
I'll take it.

取り置きしておいてもらえますか？
Can you keep it for me?

同じものを２つもらえますか？
Can I have two of these?

10個入りを２箱ください。
I'll take two 10 packs.

Point 英語では個数を先に、そのあとに何が欲しいのかを言います。

右［左］から２つ目のものをお願いします。
The second one from the right[left], please.

Point いくつもディスプレイされている中から品物を指定するときのフレーズです。

衣料品

品物を探す

ネクタイを見たいのですが。
I'd like to see some ties.

このシャツに合うネクタイを探してます。
I'm looking for a tie to go with this shirt.
Point go with ～ は「～と合う、調和する」という意味です。

花柄のスカートを探しているのですが。
I'm looking for a skirt with a flower pattern.

今度のパーティーに着ていく服を探しています。
I'm looking for a dress to wear to a party I'll be going to.

どれがいちばん人気のあるセーターですか？
Which sweater is the most popular one?

どんな色がお好みですか？
What color would you like?

青がいいですね。
I'd like a blue one.

ショーウィンドウにあるシャツを見せてもらえますか？
Can you show me the shirt in the window, please?
言換え あのマネキンが着ている：**on that mannequin**

あのシャツはどこにありまか？〈マネキンなどのディスプレイを示して〉
Where is that shirt?

子ども服はどこですか？
Where can I find children's wear?
言換え 赤ちゃん服：**baby clothes**
Point Do you have a children's department?「子ども用品売り場はどこですか?」と尋ねてもよいでしょう。Do you haveはWhere isと言い換えることができます。

サイズについて

Mサイズを探しているのですが。

I'm looking for a medium.

言換え▶ Sサイズ：**small**　Lサイズ：**large**

これがMサイズです。

This is medium sized.

言換え▶ フリーサイズ：**one-size-fits-all**

このサイズはいくつですか？

What size is this?

私は日本のサイズで９号です。

I'm a Japanese size 9.

私のサイズを測っていただけますか？

Could you measure me?

素材について

このスカートの素材は何ですか？

What is the material of this skirt?

綿です。

It's cotton.

言換え▶ 絹：**silk**　麻：**linen**　ウール：**wool**　ポリエステル：**polyester**

WORDS ❖ 模様・色のトーン

無地	plain	柄物	pattern
格子柄	checked / checkered	タータンチェック	tartan / plaid
横縞	horizontal stripes	縦縞	vertical stripes
ペイズリー柄	paisley	迷彩柄	camouflage
水玉模様	polka dots / polka dotted	千鳥格子	houndstooth
落ち着いた、流行にとらわれない	conservative	地味な	simple
平凡な、飾り気がない	plain	カラフルな、華やかな	colorful
派手な、けばけばしい	flashy / loud / gaudy	ゴテゴテした、飾りすぎの	overdressed
カジュアルな	casual	シックな	chic

軽くて柔らかい素材です。
▸ The material is light and soft.
言換え▶ しわにならない：**wrinkle-free**

洗濯機で洗えますか？
Is it machine-washable?

おなかが目立たない服がいいのですが。
I want some clothes that don't make my stomach stand out.

アイロンがけしないと、シワシワになりませんか？
Does this require frequent ironing?

WORDS ❖ 衣料品・衣料小物

ジャケット	jacket	ブルゾン	blouson
スーツ	suit	コート	coat
ブラウス	blouse	スカート	skirt
Tシャツ	T-shirt	ベスト	vest
ジーンズ	jeans	レギンズ	leggings
タンクトップ	tank top	カーディガン	cardigan
ワンピース、ドレス	dress	パンツ	pants［米］/ trousers［英］
トレーナー	sweatshirt	ダウンジャケット	down jacket
水着	swimsuit	海水パンツ	swim trunks
靴下	socks	ハイソックス	knee socks
パンティストッキング	pantyhose	タイツ	tights
手袋	gloves	ミトン	mittens
帽子（つば付き）	hat	キャップ	cap
麦わら帽子	straw hat	ニット帽	knit hat
スカーフ、マフラー	scarf	ストール	stole
ハンカチ	handkerchief	ベルト	belt
ネクタイ／蝶ネクタイ	tie / bow tie	サスペンダー	suspenders
日傘	parasol	（折りたたみ）傘	(folding) umbrella

試着する

試着したいのですが。〈店員に〉

I'd like to try this on.

Point 「試していい?」と店員の許可を得るときの決まり文句です。洋服だけでなく、アクセサリーや化粧品などの売り場で商品を試したいときに使えるとても便利な表現です。靴など2つで1組みになるような場合は、thisを複数形のtheseにします。Can[May] I try this on?と言っても、ほぼ同じ意味です。

試着室はどこですか?

Where is the fitting room?

Point 「試着室」はchanging roomとも言います。

これらも一緒に試着してもいいですか?

Can I try these too?

鏡に映して見ていいですか?

Can I use a mirror?

▶ いかがですか?

How do you like it?

これはちょうどいいな。

This fits very well.

類似● 「私にぴったりのサイズです。」Just my size.

▶ (お客様に)ぴったりです。

It suits you perfectly.

ちょっと〜すぎです

次の表現は、洋服のほかに食器や家電製品などを買うときにも便利です。

This one is a little too ☐. これはちょっと☐すぎです。

baggy ぶかぶかの ⟷ **tight** きつい

light 色が明るい、鮮やか ⟷ **dark** 色が暗い、濃い

thick 厚手の ⟷ **thin** 薄手の

ウエストが少しきついですね。
The waist is a little tight.

これは少し大きい［小さい］です。
This one is a little too big[small] for me.

このスカートは少し長い［短い］です。
This skirt is a little bit long[short].

違うデザインはありますか？
Do you have a different style?

私には似合わないみたい。
It doesn't look good on me. / It doesn't suit me.

似合う？
How do I look?

▸ 似合ってますよ！
It looks good on you!

けっこうおしゃれじゃない？
Isn't this cool?

どちらが私に似合うと思う？
Which do you think suits me?

こっちのほうだね。〈似合うほうを示して〉
It would be this one.

これ、昨日私が着ていたスカートと合うかな？
Do you think this would go well with that skirt I wore yesterday?

WORDS ❖ 衣類の袖丈などの呼び方

半袖	short sleeve	長袖	long sleeve
七分袖	three-quarter sleeve	ノースリーブ	sleeveless
裾	hem	七部丈	three-quarter-length
膝上	over-the-knee	膝下	below-the-knee
タック	tuck	折り目	crease

サイズ直し

少しウエストを詰めていただけますか？
Can you take in the waist a little?

Point take inは「服の幅を狭くする」という意味で、スカートやズボンのウエストサイズを詰めるときに使います。広げるときはtake inの代わりにlet outを使います。

このズボンの裾を2インチ詰めてもらえますか？
Can you hem these pants 2 inchs shorter?

Point hemは「(衣類の) 裾」あるいは「裾を縫う」という意味です。hemの代わりに「短くする」を意味するshortenやtake upも使えます。pants「ズボン[米]」は複数形で使うため、thisではなくtheseがつきます。trousers「ズボン[英]」、trunks「トランクス」なども同様です。

仕上がりはいつですか？
When can I have it?

明後日になります。
▶ The day after tomorrow.

ああ、ではけっこうです。
Oh, OK, never mind.

Point never mindは直訳すると「気にしないで」という意味ですが、「気に留めないで、忘れてほしい」というニュアンスがこもります。

洋服のサイズ

アメリカの洋服タグに他国のサイズが書いてあることは滅多にありません。単位としては**インチ**と**フィート**を使い、センチメートルはほとんどのアメリカ人には通じません。カナダでは両方の単位システムを使用しているので、メートル法で伝えても通じることもあるかもしれません。

これはどこの国でも同じですが、服のサイズはブランドごとに異なります。アメリカのブランドは日本サイズより大きく、アメリカのSサイズが日本のMサイズということもあります。ぴったりのサイズを見つけるには**試着してみるのがいちばん**です。

● 長さの早見表

	cm	inch	foot/feet
1 cm		0.394	0.033
1 inch	2.54		0.083
1 foot	30.48	12	

ショッピング 衣料品

バッグ・靴

バッグ・財布

ナイキの製品を扱っていますか？
Do you have Nike?

コーチのトートバッグの新作はありますか？
Do you have any new tote bags from Coach?

ショルダーバックを見せてください。
Please show me a shoulder bag.

肩ひもが短いタイプが好きなんです。
I like the one with a short shoulder strap.

これは本革ですか？
Is this made of real leather?

言換え 合成皮革：**synthetic leather / faux leather / artificial leather**
Point Is this real leather? と言ってもOKです。

素材は何ですか？
What's this made of?

これはどこのブランドのバッグですか？
What brand is this bag?

100ドルくらいの婦人用の小銭入れはありますか？
Do you have any change purses for ladies for around 100 dollars?

WORDS ❖ バッグ、革製品など

ハンドバッグ	**purse**［米］ **handbag**［英］	小銭入れ	**change[coin] purse**［米］ **purse**［英］
ポーチ	**pouch**	札入れ	**wallet**
クラッチバッグ	**clutch bag**	ポシェット	**pochette**
アタッシュケース	**attache case**	ブリーフケース	**briefcase**
ボストンバッグ	**Boston bag**	リュックサック	**backpack**［米］ **rucksack**［英］

靴

黒いパンプスを見せてください。
Let me see some black pumps.

言換え スニーカー：sneakers　ブーツ：boots　サンダル：sandals
ハイヒール：heels

足のサイズを測っていただけますか？
Could you measure my foot, please?

あなたのサイズは6ですね。
You're a size six.

履いてみてもいいですか？
May I try these on?

Point 片足だけ履くのならthis、両足ともきちんと履くならtheseと言います。

これは（サイズなどが）よく合っています。
These fit very well.

幅が狭［広］すぎます。
They are too narrow[wide].

つま先がきつい［ゆるい］です。
They are too tight[loose] around the toes.

ヒールが高すぎるような気がします。
I think these heels are too high.

この靴は履き心地がいいですね。
These shoes are comfortable.

もう少し大きい［小さい］ものはありますか？
Do you have any bigger[smaller] ones?

関連 「ひと回り大きいサイズを持ってきていただけますか？」
Could you bring me the next size up, please?

これは革製だから、少し伸びますよね？
These are leather, so they'll stretch a little, right?

ちょっと（履いたまま）歩いてみてもいいですか？
Can I walk around in them for a bit?

アクセサリー・時計

アクセサリー

右［左］から３つ目のネックレスを見せてもらえますか？
Can I see the third necklace from the right[left]?

この宝石は何ですか？
What is this gemstone?

これは何カラットですか？
How many carats is this?

これは本物ですか？
Is this genuine?
言換え 人造・人工：**imitation**

これは純金ですか？
Is this pure gold?
言換え １８金：**eighteen-carat gold**　銀：**silver**　プラチナ：**platinum**

ペアの指輪が欲しいのですが。
We'd like matching rings.

薬指のサイズを測っていただけますか？
Could you measure the size of my ring finger?

婚約指輪を探しています。
I'm looking for an engagement ring.
言換え 結婚指輪：**a wedding band/ring**　ペアの指輪：**matching rings**

保証書はつきますか？
Does it have a warranty?
言換え （宝石などの）鑑定書：**a certificate of appraisal**

指輪にイニシャルを入れたいのですが。
I'd like this ring engraved with my initials.

内側にS.I.と彫ってもらえますか？
Could you engrave S.I. on the inside?
言換え 日付（を）：**dates**　名前（を）：**name**

いくらかかりますか？
How much will it cost?

サイズを直していただけますか？
Could you adjust the size, please?

見て。どう、似合う？
Look. Does this look good on me?

すみません、指輪が抜けなくなったんですが。
Excuse me, I can't get this ring off my finger.

このイヤリングとセットのネックレスはありますか？
Do these earrings have a matching necklace?

ここにあるのは、すべてピアスですか？
Are these all earrings for pierced ears?

このピアスをふつうのイヤリング（の金具）にできますか？
Can I have these earrings converted to clip-on earrings?

Point 英語ではearringsだけでもピアス（pierced earrings）の意味になります。clip-on earringsは耳たぶをクリップで挟むふつうのイヤリングのことです。

時計

電波時計がいいのですが。
I want an atomic watch.

最新モデルはどれですか？
Which one is the latest model?

バンドを調整していただけますか？
Could you adjust the band, please?

防水性ですよね？
It's waterproof, right?

言換え 耐水（生活防水）性：**water resistant**　耐衝撃性：**shock proof**

日本でも修理できますか？
Can this be fixed in Japan?

つけて帰りたいのですが。
I'd like to wear it now.

化粧品

化粧品

アイシャドウを見せてください。
Could you show me some eye shadows, please?

シャネルの最新色の口紅はどれですか？
Which is the newest Chanel lipstick?

▶ こちらがいちばん人気の色です。
This is the most popular color.

つけてみてもいいですか？
Can I try some on?

私にはちょっと若すぎないかしら？
Isn't this a bit too young for me?

▶ よくお似合いですよ。
It looks good on you.

もう少し落ち着いた雰囲気にしたいのですが。
I want a more subtle look.

言換え▶ 華やかな：**gorgeous**

Point subtleは「かすかな、微細な」という意味ですが、この語を使うと日本語の落ち着いたというニュアンスが伝わりやすくなります。なお、subtleの発音は[sʌ́tl]、bは読みません。

これと同じものをもらえますか？〈自分が持っているものを見せながら〉
Can I have the same one as this?

似た色を見せていただけますか？
Could you show me a similar color?

何か良いファンデーションを教えていただけますか？
Could you recommend a foundation?

私の肌の色（トーン）にはどのファンデーションが合うかしら？
Which foundation matches my skin tone best?

これは私には似合わないようです。
It doesn't look right on me.

こちらの色のほうがお似合いですね。
This color suits you better.

もっと明るい色のチークはありますか？
Do you have a lighter color blush?

言換え もっと暗い：darker　もっとオレンジ色の：more orange
もっとピンク色の：pinker

Point blushのlの発音を正確に。誤ってbrushと発音すると化粧品の筆ブラシと取り違えられる可能性があります。

シミをカバーしたいのですが。
I want to cover up my blemishes.

言換え 目の下のくま：under-eye circles　そばかす：freckles

どうやってつけたらいいですか？　教えてもらえますか？
How do I apply it? Can you show me?

Point showには、動作を伴って示すというニュアンスが含まれます。teachは学問的なことを教えてもらうときの表現で、この例文のような場面では用いません。

無添加の化粧品はありますか？
Do you have any non-additive cosmetics?

これは無香料ですか？
Is this unscented?

Point unscentedは、fragrance-freeとも言うことができます。

敏感肌なのですが大丈夫ですか？
Is this alright for sensitive skin?

こちらが気に入りました。どうですか？
I like this one best. Do I look OK with this?

これのサンプルはありますか？
Do you have a sample of this?

基礎化粧品

乾燥肌用のクリームはありますか？
Do you have any cream for dry skin?

言換え 脂性：oily　混合：combination

保存料不使用の商品が欲しいのですが。

I want a preservative-free product.

言換え パラベン不使用：**paraben-free**　アルコール不使用：**alcohol-free**
無香料：**fragrance-free**　SLS（界面活性剤）不使用：**SLS-free**

Point preservativeは「保存料」という意味です。

類似 「保存料が入っていないものが欲しいのですが。」
I want products without any preservatives.

メイク落としも欲しいのですが。

I want makeup remover too.

言換え 日焼け止め：**sunscreen**　リップクリーム：**lip balm**

香水

この香りを試してみてもいいですか？

Can I try this fragrance?

どれが人気のあるブランドですか？

Which is a more popular brand?

シトラス系の香水はありますか？

Do you have a perfume with a citrus fragrance?

言換え フローラル系：**a flowery**　ウッディ系：**a woody**
じゃ香系：**a musky**

この香りは私には強すぎます。

This fragrance is too strong for me.

もう少し柔らかい香りがいいな。

I want something more subtle.

Point subtleの代わりにsoftと言ってもよいでしょう。

だんだんわからなくなってきた。

I can't tell the difference anymore.

WORDS ❖ 化粧品関連

アイブロウ	eyebrow	アイライナー	eyeliner
リップグロス	lip gloss	マニキュア液	nail polish
下地クリーム	primer	美容液	serum
乳液	milky lotion / emulsion	化粧水	toner
美白効果	whitening effect	毛穴引き締め	pore tightening

小物・日用品・おみやげ

小物・文房具

かわいい小物やアクセサリーを見たいのですが。
I'd like to look at some cute knickknacks and accessories.
言換え▶ 文房具：**stationery**
Point knickknackは「小物、雑貨」という意味です。

あそこのバラエティーショップにかわいい雑貨がありますよ。
You can get pretty knickknacks in that variety shop.

アンティークはどこで買えますか？
Where can I buy antiques?

このペンの試し書きをしてもいいですか？
Can I try out this pen?
関連● 「インクのスペアはありますか?」Is there a spare ink cartridge?

日本の友だちへのプチギフトにいいね。
This would make a good little gift for my Japanese friends.

自分のデスクに飾っておきたいな。
I want to put this on my desk.

日用品

食品用洗剤が切れているかも！
I might be out of dish detergent!

ゴミ袋を買わなくちゃ。
I should pick up garbage bags.

トイレットペーパーがもうすぐなくなりそうだよ。
We're running low on toilet paper.

これ家にあったっけ？（買う必要ある？）
Do we need to buy any of these for the house?
関連● 「家の押し入れにペーパータオルがいくつかあるよ。」
I have a few extra rolls of paper towels in the closet at home.

CD・DVD・書籍

ケイティ・ペリーの最新CDはありますか？
Do you have Katy Perry's latest CD?
Point 楽曲や書籍などの最新作は、latestあるいはnewestと言います。

ジャズのCDを探しているのですが。
I'm looking for Jazz CDs.
言換え クラシック：**classical** 80年代ポップス：**80's pops**
ハワイアン：**Hawaiian music** ヘビーメタル：**heavy metal**

歌詞カードはついていますか？
Does this include lyrics?

今日発売のスピルバーグ監督のDVDを探しているのですが。
I'm looking for the Spielberg DVD that was released today.

アニメソングのコーナーはどこですか？
Where is the anime music section?
Point 日本語で売り場を表す「○○コーナー」はsectionと言います。cornerとは言わないので注意。

これは日本のプレイヤーでも見ることができますか？
Will this play on my Japanese DVD player?

村上春樹のペーパーバックはありますか？
Do you have any Haruki Murakami paperbacks?
Point paperback「ペーパーバック」は、おおむね厚紙による表紙やカバーがなく安価な紙に印刷された本のこと。表紙に厚紙や皮などを用いて製本されたものは、hardcover bookと言います。

おいっ子たちへの絵本を探しているのですが。
I'm looking for some picture books for my nephews.

この雑誌のバックナンバーはありますか？
Do you have any back issues of this magazine?
Point 「最新号」はlatest issueと言います。

この本の電子版は販売されていますか？
Are you selling an e-book version of this?

インテリア・食器

キルトのベッドカバーを探しています。
I'm looking for a quilted bedspread.

このカップを手に取ってもいいですか？
Can I pick up this cup?

これは電子レンジでも使えますか？
Is this microwave-safe?
言換え▶ 食洗器で洗えますか：**dishwasher-safe**　オーブンで使えますか：**oven-safe**

傷はつきやすいですか？
Does this get scratched easily?
関連● 「色落ちしませんか？」Does the color come off?

これはどうやって使うのですか？
How do you use this?

丈夫に作られているものが欲しいんです。
I want something that's durable.
言換え▶ 軽くてかさばらない：**light and stores easily**

この棚の組み立ては簡単ですか？
Is this shelf easy to put together?

洗練されたデザインですね。
It's a very sophisticated design.
言換え▶ おしゃれな：**stylish**　豪華な：**lavish**　機能的な：**functional**

おみやげ

祖父へのおみやげを探しています。
I'm looking for something nice for my grandfather.

一緒に見て（探して）もらってもいい？
Can we go look for it together?

旅行中に使うポーチを探しています。
I'm looking for a pouch to use while I'm traveling.

ここでしか買えないものはありますか？
Do you have something that I can only get here?

ドラッグストア

薬

薬局はどこですか？
Where is the drugstore?
Point スーパーなど大きな店舗で薬局コーナーを尋ねるときにも使えます。

かぜ薬が欲しいのですが。
I'd like to get some medicine for a cold.

▶ 処方箋はお持ちですか？
Do you have a prescription?

せき止めの薬が必要なんです。
I need some cough medicine.
言換え▶ 鼻水：runny nose　胸焼け：heartburn

胃薬はありますか？
Do you have any stomach medicine?
言換え▶ 風邪薬：cold medicine　咳止めシロップ：cough syrup

▶ はい、あります。こちらが胃痛の薬です。
Yes. This is medicine for a stomachache.

▶ どんな症状ですか？
Can you describe the symptoms?

チクチクと痛みます。
It feels like a bee sting.

食べすぎました。
I ate too much.
類似● 「飲みすぎました。」I drank too much.

ばんそうこうはありますか？
Do you have any bandages?

眠くならない薬をください。
Please give me something that doesn't make me sleepy.

あまり強くないもの（薬）がいいのですが。
I'd like something that's not too strong.

錠剤タイプのものはありますか？
Do you have a pill-type?

Point 形状によって錠剤の呼び方もいろいろあります。人によってイメージが異なりますが、おおよそ次のように考えるとよいでしょう。
pill →小さくて丸い錠剤、丸薬
tablet →小さくて丸形または楕円形の固形の薬、割って飲むこともできるタイプ
caplet →錠剤で、楕円状やタブレットより少し長くて細い形の薬

薬の飲み方

どのように飲めばいいのですか？
How do I take this?

おとなは１回３錠です。
▶ **For adults, take three tablets at a time.**

食後に２錠を１日３回お飲みください。
▶ **Please take two tablets three times a day after meals.**
言換え▶ 食前：**before meals**

これはとん服です。
▶ **Take it as needed.**

WORDS ❖ 薬局

薬／薬用品：medicine / medicinal supplies			
鎮痛剤	painkillers	歯の痛み止め	medicine for a toothache
目薬	eyewash / eye drops	冷［温］湿布	cold [warm] compress
痒み止め	anti-itch medicine	虫よけローション	insect repellent
溶けるシート	dissolvable strip	スプレー	spray
カプセル	capsule	塗り薬、軟膏	ointment

症状：symptoms			
頭痛	headache	生理痛	period cramps
下痢	diarrhea	便秘	constipation
めまい	dizzy	吐き気	nausea
胃もたれ	heavy stomach	切り傷	cut

スーパーマーケット

売り場で

すみません、歯ブラシはどこにありますか？
Excuse me, where are the toothbrushes?
関連 「ハンドソープが見つかりません。」I can't find hand soap.

何か日本の食材はありますか？
Do you have any Japanese food?
Point Do you carry ～?「～は扱っていますか?」と尋ねてもよいでしょう。I'm looking for ～「～を探しています」ももちろん使えます。

7番通路です。
It's in aisle seven.

冷凍食品の通路にあります。
It's in the frozen food aisle.

在庫切れです。
It's out of stock. / We're out of stock.

当店では取り扱っていません。
We don't carry it.
類似 「当店にはありません。」We don't have it in our store.

Aマートにあるかもしれません。
A mart might have it. / You can try A mart.

これは何の肉ですか？
What kind of meat is this?

脂肪分が少ないマヨネーズはありますか？
Do you have any low-fat mayonnaise?

ハムを半ポンドお願いします。
Half a pound of ham, please.

はい。この10番の（引き換え）カードを持っていてください。
OK. Please take this ticket. Your number is 10.
Point 量り売りをするdeli「惣菜売り場」では、番号が書かれている紙やカードなどが渡されて、自分の番号が呼ばれるのを待つ場合があります。

WORDS ❖ 食料品売り場

エクスプレスレーンについて

アメリカのスーパーマーケットには、**express lane「エクスプレスーン」**と呼ばれる少量の商品を購入する人のための**専用レジ**があります。何品までがこのレジを使えるかはお店によっていろいろですが、10 items or less「10品かそれ以下」、9 item limit「9品以下」などと表示されているのですぐにわかります。

消費（使用）期限はどこに書いてあるのかな？
Where is the expiration date written?

カートをもう１台持ってきてくれる？
Can you get another cart?

ええ!?　まだ買うの？
What!? You're still buying stuff?

レジで

▶ こんにちは、ご機嫌いかがですか？
Hello, how are you doing?

快調ですよ。
Pretty good.

Point　レジで簡単な会話を交わす光景もよく見かけます。簡単でいいので、店員さんとあいさつが交わせるようにしましょう。

このクーポンは使えますか？
Can I use this coupon here?

▶ 紙袋にしますか、ポリ袋にしますか？
Paper or plastic?

Point　スーパーで買い物するとこのように聞かれることがあります。plasticは、日本のスーパーと同じポリ袋（ビニール袋）のことです。どちらかお願いするときは、Paper, please. などと言えばOK。

袋は要りません。マイバッグがあります。
I don't need a bag. I have my own.

Point　エコバックは、my own bag / a reusable bagと言えばよいでしょう。

▶ 会員カードはお持ちですか？
Do you have a member's card?

いいえ、今日ここで買うのは初めてです。
No. I've never been here before.

▶ お申し込みされますか？
Would you like to sign up for one?

いいえ、今は大丈夫です。ありがとう。
I'm OK for now.   Thank you.

包装・発送

日本への配送をお願いしたいのですが。
I'd like to send this to Japan.

こちらの伝票に記入してください。
Fill out this slip, please.

Point fill outは必要事項すべてを記入することを言います。似た表現のfill inは書類の一部に記入するときに使います（→P.177）。

すみません、書き間違えました。
Sorry, I made a mistake.

大丈夫ですよ。こちらが伝票の控えです。
No problem. This is for your record.

保険をかけたいのですが。
I'd like to have this insured.

１つずつ包んでいただけますか？
Would you wrap them separately, please?

値札を取っていただけますか？
Could you remove the price tag, please?

プレゼント用に包装していただけますか？
Could you wrap this as a gift?

友人も気に入ってくれると思います。ありがとう！
I'm sure my friend will like this. Thank you!

これらを一緒に包んでください。
I'd like these wrapped together, please.

しっかりと包装していただけますか？
Could you wrap it nice and tight?

お客様サービスカウンターにお持ちください。
Please take this to the Customer Service Counter.

Point Customer Service Counter は、Customer Assistance Counterとも言います。

会計

支払い

レジはどこですか？
Where is the cashier?

お買い物はお済みですか？
Are you all set?
Point 会計をしてもいいかを婉曲に尋ねる表現です。

はい（会計をお願いします）。
Yes, I am.

全部でいくらですか？
How much is it all together?

税金は含まれていますか？
Is tax included?

（お支払いは）現金ですか、カードですか？
Cash or charge?
Point chargeは「つけの勘定（つまりカード）」という意味です。海外での支払いではよくこの表現が使われます。カードを差し出すとdebit or credit?「デビット（引き落とし）ですか、クレジットですか？」と尋ねてくることもあります。

カードでお願いします。
Charge, please.

身分証明書を見せていただけますか？
May I see your ID, please?

クレジットカードです。
Here is my credit card.

このカードはご利用できないようです。
This card isn't going through.
関連 「別のカードでお支払いされますか？」
Would you like to try a different card?

ここにサインしてください。
Signature, please. / Please sign here.

カードを機械に通してください。
Swipe your card, please.

Point swipe your cardは、カードの裏側の磁気部分を機械に通すことです。Insert your card.と言われたら、カードの表側に搭載されているICチップ部分を機械に差し込んでください。

暗証番号を入力してください。
Enter your PIN number, please.

エラーがあったみたいです。もう一度入力をお願いできますか？
Something went wrong. Can you enter it again, please?

領収書（レシート）をもらえますか？
May I have a receipt?

おつりをどうぞ。ありがとうございました。
Here is your change. Thank you.

ちょっと買いすぎちゃったかなあ。
Maybe I bought too much.

50ドル（で支払った場合）のおつりはありますか？
Do you have change for a 50 dollar bill?

Point 海外の小さな店などでは、100ドル札や50ドル札といった高額紙幣を受け取ってもらえないことがあります。観光地や規模の大きな店ではたいてい大丈夫ですが、心配な場合は事前に崩しておくと安心です。

会計が間違っていたとき

おつりが間違っているみたいですが。
This change may be wrong.

5ドル多いですよ。
You gave me an extra 5 dollars.

100ドル札をお渡ししたのですが。
I gave you a hundred-dollar bill.

この商品の代金が2回請求されているのですが。
I think you charged me for this item twice.

もう一度確認してください。
Can you check it again, please?

交換・返品・返金

サイズが合いませんでした。
It didn't fit me.

これを小さい［大きい］サイズと取り換えていただけますか？
Could I exchange this for a smaller[bigger] one?

壊れていたのですが。
It was broken.

関連 「これは使えません（動きません）。」This isn't working.

ここが汚れています。
It's dirty here.

ここにシミがありますよ。
There is a stain here.

言換え 小さな穴：**a small hole**

買ったときには気づきませんでした。
I didn't see that when I bought it.

パッケージから出してしまったのですが交換できますか？
Can I exchange this even though I've already opened the package?

▸ お客様サービスカウンターへ行ってください。
Please go to the Customer Service Counter.

返金してもらえますか？
Can I have a refund on this?

別のものと交換したいのですが。
I'd like to exchange this for another one.

▸ 差額をお支払いいただければ交換します。
You can exchange this for a more expensive item as long as you pay the difference.

▸ これの領収書（レシート）をお持ちですか？
Do you have the receipt for this?

第 7 章

美容・健康

エステ・マッサージ
ネイルサロン
ヘアサロン
おうちで美容・リラクゼーション
健康・ダイエット

エステ・マッサージ

予約を取る

予約をお願いします。
I'd like to make an appointment.

Point 美容院、理容院、エステ、ネイルサロンなどへの予約は、reservationではなくappointmentを使いましょう。人数、日時などをつけ加えたい場合は、次の例文を参考にしてください。

関連 「予約していません。」I don't have an appointment.

7月28日の午後1時から、2名でお願いします。
For two people on July 28th at 1 p.m., please.

関連 「今からお願いできますか?」Can you take walk-ins now?

ほかに空いている時間はありますか？
Do you have any openings today?

Point I'm sorry we are booked.「すみませんが、埋まっていますね。」などと言われて、第1希望が取れなかったときの尋ね方です。

友人と2人で、マッサージをお願いしたいのですが。
I'd like massages for my friend and myself.

支払いはカードでできますか？
Do you take credit cards?

Point takeの代わりにacceptを使ってもよいでしょう。

男性も利用できますか？
Do you take male customers too?

コース・施術について

生理中なのですが、大丈夫ですか？
I'm on my period. Is that OK?

関連 「トリートメントを受けても大丈夫ですか?」
Is it OK for me to get this treatment?

妊娠4か月なのですが、大丈夫ですか？
I'm four months pregnant. Is that OK?

何か持参するものはありますか？
Should I bring anything?

水着は必要ですか？
Do I need a bathing suit?
Point bathing suitはswim suitと言ってもよいでしょう。

本日はどちらのコースをご希望ですか？
Which course would you like to try today?

どんなコースがありますか？
What kind of courses do you have?
関連 「メニューを見せていただけますか?」Could I see the menu?

いちばん人気のあるコースはどれですか？
Which course is the most popular?

美顔マッサージのコースはありますか？
Do you have a facial massage course?
言換え ボディマッサージ：**body massage**　ボディラップ：**body wrap**
痩身マッサージ：**body slimming massage**
リフレクソロジー（反射療法）：**reflexology**

30分のお試しコースがとても人気です。
The thirty-minute trial course is very popular.

では、それでお願いします。
OK, I'll do that.
Point 上記のほか、That would be great!「それがいいですね！」と言うと、「その案乗った！」という明るい答え方になります。このとき、greatの代わりにwonderfulを使っても同じ意味になります。

WORDS ❖ 美容関連

うるおい	moisture	肌の状態	skin condition
ぜい肉	fat	シワ	wrinkles
ニキビ、吹き出物	pimples, acne	そばかす	freckles
疲れ	fatigue	便秘	constipation
体（姿勢）の歪み	postural distortion	ストレス	stress
血行不良	poor circulation	気分の落ち込み	depression
問診表	medical consultation form	質問表	questionnaire

悩みを相談

▶ 最初にいくつか質問させていただけますか？
May I ask you a few questions first?

▶ お肌で気になっていることはありますか？
Do you have any skin troubles?

敏感肌です。
I have delicate skin.
言換え▶ 乾燥：**dry**　脂性：**oily**　混合：**combination**

ほおのたるみが気になります。
I have flabby cheeks.
言換え▶ デコルテ：**decollete**　おなか：**stomach / belly**
関連● 「リフトアップをお願いします。」I'd like a face lift.

▶ 健康上、気になっていることはありますか？
Do you have any health concerns?

首がとても凝っています。
My neck is really stiff.
言換え▶ 背中：**upper back**　腰：**lower back**

胃腸が弱いんです。
I have a weak stomach.

パソコンの使いすぎで、目が疲れています。
My eyes are tired from using the computer too much.

肌荒れが気になっています。
I have concerns about my rough skin.
言換え▶ シミ：**spots**　目の周りのくま：**dark rings around my eyes**

施術中に

▶ いかがですか？
How does that feel?

もう少し下［上］をお願いできますか？〈位置を伝える〉
Can you go lower[higher]?

ちょうどいいです。
Perfect. / It feels just right.

類似 「気持ちいいですね。」It feels good.
「すごく気持ちいいなあ!」That feels great!

もう少し強く[弱く]お願いします。
A little harder[softer], please.

ちょっと気分が悪いです。
I feel sick. / I don't feel good.

関連 「少しピリピリします。」I'm feeling a slight tingling.
「合わないみたいです。」It doesn't feel right.

膝を曲げて[伸ばして]ください。
Bend[Stretch] your knee(s), please.

あお向けに寝てください。
Lie on your back, please.

関連 「うつぶせに寝てください。」Lie on your stomach, please.

ほかに凝っているところはありますか？
Anywhere else feeling stiff?

右肩がまだ凝っています。
I still have a stiff right shoulder.

生き返ったような気持ちです。
I feel so refreshed.

Point I feel so rejuvenated!という言い方もあります。rejuvenateは「元気が回復する、若返らせる」という意味です。

WORDS ❖ エステで知っておくと便利な体の部位

肩	shoulder	ふくらはぎ	calf（複：calves）
背中	upper back	足首、くるぶし	ankle
腰	lower back	お尻	hip
胴回り、ウエスト	waist	太もも	thigh
二の腕	upper arm	肩甲骨	scapula
おなか	stomach / belly	脇の下	arm pit

ネイルサロン

入店時に

ネイルをお願いしたいのですが。

I'd like to get my nails done.

Point　I'd like my nails done.と言ってもよいでしょう。

足の爪のお手入れをしてもらいたいのですが。

I'd like a pedicure, please.

Point　手の爪のお手入れだったらmanicureと伝えます。日本語で言うマニュキュア液は、nail polishと言います。

ジェルネイルを取ってください。

Please remove my gel nails.

関連●　「キューティクル（甘皮）のカットをお願いできますか?」
Could I have a cuticle cut?
「爪の補修をお願いできますか?」Could you repair my nails?

デザインについて

どんなデザインがありますか？

What kind of designs do you have?

言換え▶　コース：**courses**　スカルプチュア（つけ爪）：**sculptures**

こちらの見本からお選びください。

▶ **Please choose from these samples.**

かわいいデザインがいいのですが。

I'd like a cute design.

言換え▶　おとなっぽい：**mature**　豪華な：**gorgeous**　上品な：**elegant**

WORDS ❖ ネイルシェイプの種類

round	oval	squoval	square	pointed

いちばん人気のデザインはどれですか？
What's the most popular design?

このデザインはいくらかかりますか？
How much would this design cost?
関連 「こちらの価格表をご覧ください。」Please look at the price list.

どのお色になさいますか？
▶ **What color would you like?**

パールカラーのグラデーションにしたいのですが。
I'd like a pearl color gradient.

どのシェイプをご希望ですか？
▶ **Which shape would you like?**

オーバルにしていただけますか？
Could you shape my nails into ovals, please?

爪に花柄をのせたいのですが。
I'd like to put some flowers on my nails.
言換え 水玉模様：**polka dots**　ストーン：**stones, diamonds**
関連 「それを左の薬指につけたいのですが。」
I'd like to put it on my left ring finger.

どれくらい持ちますか？
How long do they last? / How long will it last?

WORDS ❖ ネイル関連

透明感のある	transparent	つやつやとした	shiny / glossy
明るい	bright	濃い	dark
落ち着いた色	calm colors	きらきらした	sparkly
ラインアート	line art	マーブル柄	marble
メタリック	metallic	ピーコック柄	peacock
ホログラム	holographic nail	ネイリスト	manicurist

手	親指	thumb	人差し指	index finger	中指	middle finger
	薬指	ring finger	小指	little (pinky) finger		
足	親指	big toe	人差し指	second toe	中指	third toe
	薬指	fourth toe	小指	little (pinky) toe		

ヘアサロン

入店時に

本日の髪型はどうなさいますか？
How would you like your hair today?

カットのみの料金はいくらですか？
How much for a simple cut?
言換え パーマ：perm　シャンプー：shampoo

シャンプーとカットをお願いしたいのですが。
I'd like a wash and cut.

パーマをかけるのに、どれくらいの時間がかかりますか？
How long will a perm take?

ヘアスタイルについて

スタイルブックを見せてもらえますか？
Can I see some stylebooks?

ショートヘアにしたいのですが。
I'd like to have it cut short.
言換え ボブ：bob cut　セミロング：shoulder length　ロング：long
フェード：faded　スポーツ刈り、丸刈り：buzz-cut

ワンレングスにしてください。
Make it all the same length, please.
言換え 後ろを短く：short in the back　スタイリングしやすく：easy to style

この写真のようにしてもらえますか？
Can you cut it like this photo?

レイヤーを入れていただけますか？
Could I get some layers?

枝毛を切り揃えるだけにしてください。
Just a trim for my split ends, please.
言換え 傷んだ部分：damaged parts
Point trimは切り揃えること。毛先を揃えるだけならJust a trim, please.と言えばいいでしょう。ちなみに、傷んだ髪はdamaged hairと言います。

あとはお任せします。
I'll leave the rest in your hands.
Point ある程度の希望を伝えたあとにこの表現を使うとよいでしょう。

前髪を２センチ短くしていただけますか？
Could you cut about two centimeters off my bangs?
Point cutの代わりにtakeを使ってもOK。bangs「前髪」はfringeと言ってもよいでしょう。

全体的に髪をすいていただけますか？
Could you thin it out a little?
Point thin out one's hairで「～の髪の量を減らす（すく）」という意味になります。

後ろは肩にかかるくらいでお願いします。
Please leave it at shoulder length in the back.

そのくらいで大丈夫です。
That's enough.

今髪を伸ばしているので、あまり短くしないでください。
I am growing my hair out, so please don't cut it too short.
Point growは「成長する、育つ」という意味ですが、髪や髭を伸ばすという意味もあります。特にこの場合にはgrow outを使います。

分け目はどちらですか？　真ん中、それとも横ですか？
▶ **Where do you usually part it? In the middle or on the side?**
Point 「（髪を）真ん中で分ける」ことをpart it in the middle、「（髪を）横で分ける」ことをpart it on the sideと言います。

仕上がりはいかがですか？
▶ **Do you like it? / Is everything OK?**
関連 「何か整髪剤はつけますか？」
Would you like me to use some hair wax?

WORDS ⁘ 美容院で

前髪	**bangs**［米］ **fringe**［英］	分け目	**part**［米］ **parting**［英］
後ろ	**back**	横	**side**
毛先	**ends**	根元	**roots**
襟足	**nape of the neck**	美容師	**(hair) stylist**

おうちで美容・リラクゼーション

フェイシャルケア

あなたの肌、きれいね。何か秘訣あるの？
Your skin's so flawless. What's your secret?
関連 「何かお手入れしているの?」What's your regimen?

美顔ローラーは毎日欠かさずやっているよ。
I use a facial massage roller every day.

口コミでこのパックが効くって聞いたよ。
I've heard that this face pack really works.
Point 「口コミ」の直訳はword of mouthですが、会話中に「評判を聞いた」と言いたいときはI've heard ～と言うと自然です。

ローションはさらさらのものから、とろっとしたものの順につけます。
I go from thinnest to thickest when using lotions.

美容液には、こだわっているんだ。
I'm really picky about which serum I use.

お肌には、早く寝るのがいちばんよ。
Going to bed early is the best thing you can do for your skin.

濃い目のメイクをすると、クレンジングが大変よね。
It's hard to remove all my makeup after wearing a lot.

角質を取り除くと毛穴が小さくなるらしいよ。
Exfoliating is supposed to make your pores less noticeable.

いろんな美容通がこれを使ってるのを見たよ。
I've seen a bunch of beauty gurus using this.
Point beauty guru / beauty influencerは、YouTube上でメイクや髪、ネイル、ファッションなど美容に関するビデオを発信している人のことです。

ヘアケア

家で髪を染めたいなあ。
I'd like to dye my hair at home.
Point dye one's hairで「～の髪を染める」という意味になります。「部分染め」という場合はhairのあとにpartiallyをつけます。

ヘナ染めだったら家でも簡単にできるよ。

It's easy to dye your hair using henna at home.

関連 「美容室へリタッチをしに行かなきゃ。」
I think I need to go to the salon for a root touch up.

明るい［暗い］色がいいかな。

I'm thinking of a brighter[darker] color.

最近、白髪が気になるんだよね。

Recently I've noticed more white hair.

Point 白髪はwhite hair、白髪混じりはgray hairと言います。

このドライヤーを使うと髪が傷まないよ。

This dryer doesn't damage your hair.

寝ぐせがひどいときはワックスで直します。

I use wax to take care of my bedhead.

関連 「このワックスは寝ぐせのときの強い味方なんだ。」
This wax is the only thing that takes care of my bedhead.

オイルマッサージしてからシャンプーしているんだ。

I do an oil massage before using shampoo.

湿気で私の髪、すごいことになってるの。

My hair is going crazy from the humidity.

関連 「おくれ毛がまとまらないの。」My loose hair won't stay in place.

髪が太くてコテを使ってもカールが持たないの。

My hair is thick and can't hold a curl even after using a curling iron.

Point hold a curlは「カールが持続する」という意味。「ストレートが持続する」はstay straightと表現します。「ストレートアイロン」はflat ironと言います。

入浴

この入浴剤は本当にいいよ。試してみて。

You should try this bath additive. It's really good.

Point 入浴剤はbath additiveと言いますが、形状によっていろいろな呼び方があります。
固形でお湯に入れると溶ける入浴剤：bath bomb
粒状の岩塩に香料等をつけた入浴剤：bath salt
オイルベース入浴剤：bath oil
泡風呂用入浴剤：bubble bath soap

お風呂で読書すると集中できるんだ。

It's easy to focus on reading while in the bath.

「ブルーベリービネガーを飲みながらゆっくり入浴しています。」
I enjoy a relaxing bath while drinking blueberry vinegar.

お風呂では邪魔の入らない自分だけの時間が持てるんだ。

In the bath I'm guaranteed to have some uninterrupted me-time.

Point me-timeは、「自分だけの時間、自分が好きに使える時間」という意味です。

熱いお湯は運動後の筋肉の痛みを取ってくれます。

The hot water drains the soreness from my muscles after a workout.

リラクゼーション・心の健康

このアロマはいい香りだね。

This is a nice aroma.

「スッキリしたいなら、サイプレスの香りがいいよ。」
Cypress helps you feel refreshed.

ストレス解消に何かしていますか？

What do you do to relieve stress?

たまに１人でカラオケに行って熱唱しています。

Sometimes I go alone to karaoke and sing my heart out.

Point sing my heart outは「気持ちを込めて歌う」という意味です。

落語を聞いて、笑ってストレス解消。

I listen to rakugo, laugh, and my stress is gone.

笑うことは良いことですよ。

Laughing is good for you.

Point Laughter is the best medicine.「笑いは最良の薬」ということわざもあります。

ジムでたっぷり汗を流しています。

Sweating it out at the gym helps.

朝、ヨガをして気持ちを整えてから出勤しています。

I do yoga every morning to clear my mind before I go to work.

健康・ダイエット

健康管理

健康のために何か気をつけていますか？
What are you doing to keep healthy?

ウォーキングを始めました。
I started walking.
言換え ランニング：**running**　断続的断食：**intermittent fasting**
瞑想：**meditation**
関連 「一日30分、ジョギングしています。」I'm jogging 30 minutes a day.

ひと駅手前で降りて、そこから歩いて出社しています。
I get off the train one stop early and walk to work from there.

タバコをやめました。
I quit smoking.

塩分を控えた食事をしています。
I try to eat less salt.
言換え 脂肪分：**fat**　糖分：**sugar**

寝る直前に何か食べるのは禁物だよ。
It's not good to eat before going to bed.

会社の健康診断はいつですか？
When is the company health checkup?

人間ドックで引っかかってしまった。
I got some bad results on my complete physical examination.
関連 「再検査が必要だそうだ。」They said I had to get re-examined.

私、血圧が高い［低い］んです。
I have high[low] blood pressure.

糖尿病の疑いがあるんです。
They suspect I might have diabetes.
言換え 高コレステロール：**high cholesterol**　がん：**cancer**
心臓病：**heart disease**

虫歯予防にはキシリトールがいいよ。

Xylitol is good at preventing cavities.

Point cavities「虫歯」の代わりにtooth decayと言ってもよいでしょう。

ダイエット

今ダイエット中なの。

I'm on a diet.

Point 英語のdietは基本的に「食べ物、食習慣」という意味で、日本語のように減量を意味する単語ではありません。「ダイエット中」はbe on a diet、「ダイエットする」はgo on a dietと言います。

今度はどんなダイエット？

What kind of diet are you on this time?

関連 「豆腐ダイエットを続けているんだね？　偉いね。」
You're still doing the tofu diet? Amazing.

聞いて！　１か月で３キロやせたんだ。

Listen to this! I've lost three kilos in one month.

夜は炭水化物を抜いています。

I don't eat carbs at night.

Point carbsはcarbohydratesの略です。

もっと糖質に気をつけたほうがいいかな。

Maybe I should be paying more attention to how much sugar I eat.

低カロリーより、食事のバランスだね。

A balanced diet is better than just a low calorie one.

そういえば、前に会ったときより（体形が）スッキリした感じだね。

Oh, you look slimmer since I saw you last time.

Point 「体形がスッキリした」というときは、thin / in shape / toned / healthy / fitを使います。skinnyは「病的にやせ細った」という意味もあるので避けたほうがよいでしょう。

継続こそ力だね。

Consistency is the key.

関連 「無理しないでね。」Try not to overdo it.

私、最近また太ったみたい。

Seems like I put on some weight again.

第 8 章

宿泊

ホテルにチェックイン
フロントとのやりとり
ルームサービス
トラブル
チェックアウト

ホテルにチェックイン

ホテルに到着

バッグをお持ちしましょうか？

May I take your bags?

Point ホテルの入り口でドアを開けてくれるスタッフは、door manと呼ばれます。タクシーの誘導やホテル周辺の警備を受け持つ場合もあります。荷物などをホテルのスタッフに運んでもらうときも貴重品は必ず自分で持つようにしましょう。チップが必要な国では忘れずに渡します。

ありがとう、お願いします。

Yes, please.

いいえ、けっこうです。

No, thank you.

こちらは荷物の引換券です。

This is your stub.

Point 預けた荷物の代わりに荷物引換券が渡されたら、チェックイン時にフロント係に提示します。stubは、baggage ticketや単にticketとも言います。

どこでチェックインできますか？

Where can I check in?

チェックイン

チェックインですか？

Are you checking in?

Point ホテルに到着すると、スタッフのほうからこのように声掛けしてくれることも多いでしょう。

こんにちは。チェックインをお願いしたいのですが。

Hello, I'd like to check in.

Point 簡単にCheck in, please.と言ってもよいでしょう。Hello. / Hi! など、ひと言あいさつを添えましょう。

かしこまりました。ご予約はされていますか？

Certainly. Do you have a reservation?

はい、増田真理の名前で（予約しています）。

Yes, it's under Mari Masuda.

Point 「under＋名前」で「～の名前で」という意味になります。「for＋名前」も同様です。

関連 「お名前をお願いできますか?」Could you please give me your name?

予約確認書を拝見できますか？

May I see your confirmation slip?

Point confirmation slip「予約確認書」の代わりに、reservation slip / hotel voucherなどとも言います。このように尋ねられたら「これです」Here it is. / Here you are.と言って渡します。

類似 「予約番号を確認してもいいですか?」
May I see your confirmation number?

関連 「これが私の予約確認書です。」Here is my confirmation slip.

パスポートを拝見できますか？

May I see your passport?

Point ID「身分証明書」と言われることもあります。旅行者だったらパスポートを提示します。

クレジットカードをお願いできますか？

Can I have your credit card, please?

Point ホテル側の自衛手段として、宿泊客のクレジットカード番号を控えることがあります。何もなければ課金されません。また、仮チャージされた場合も何もなければ支払いは発生しませんが、利用時は明細に誤りがないかを必ず確認するようにしましょう。

関連 「預かり金は必要ですか?」Do you need a deposit?

宿泊費はすでに支払っているのですが。

I have already paid for my room.

Point 不安だったら上記のように確認してもよいでしょう。

こちらの登録フォームに記入していただけますか？

Would you fill in this registration form, please?

Point fill inは氏名や住所などを書類の一部に記入するニュアンス、fill outはすべての項目に記入するといったニュアンスがあります(→P.157)。

類似 「こちらにサインをお願いします。」Please sign here.

WORDS ❖ ホテルのフロントで

front desk	ホテルの正面受付。receptionやregistrationも同じ意味
concierge	荷物の運搬から案内、予約などあらゆる相談を受ける
cashier	会計、料金の支払い、両替、セーフティボックスの管理などを行う
bell captain	ベルボーイを統括し、荷物の運搬やタクシーの手配を受け持つ
bellboy, bellgirl	フロントから部屋まで荷物を運ぶ。イギリスではporter、アメリカやカナダではbellhopとも呼ばれる

お部屋は８階の801号室です。
Your room number is 801 on the 8th floor.
類似 「こちらはルームカードです。」Here is your card key.

ほかにお役に立てることはございますか？
Is there anything else that I can assist you with?
Point 特に問い合わせることがなければ、No, thank you.と答えればOK。

マイルをもらえますか？
Can I get miles?

ベルボーイがお荷物を部屋まで運びます。
The bellboy will bring your luggage to your room.
Point 部屋まで運んでもらったら、チップも忘れずに。
関連 「荷物は自分で運びます。」I'll carry my baggage myself.

予約の確認ができないとき

申しわけありませんが、お客様のお名前では予約が入っておりません。
I'm sorry, but we can't find your name.

パスポートで名前をもう一度確認していただけますか？
Could you check it again with my passport?

（書類を示して）ここに電話して確認していただけますか？
Could you call this number, please?
関連 「もう一度確認してください。」Please check again.

ほかの部屋でもけっこうです。
I could take another room.

このホテルと同じ金額のホテルを探していただけませんか？
Could you find me another hotel with the same hotel charge as yours?
Point トラブルを解決してもらったら、お礼も忘れずに言いましょう。

部屋について

海の見える部屋をお願いします。
I'd like an ocean view room.
言換え 静かな部屋：**a quiet room**　上層階の部屋：**a room on a high floor**
関連 「部屋から海が見えますか？」Can I see the sea from my room?

禁煙の部屋がいいのですが。

I'd like a non-smoking room.

類似 「喫煙［禁煙］の部屋はありますか?」
Do you have a [non-]smoking room available?

予約していないとき

予約していません。

I have no reservation.

今晩、空いている部屋はありますか？

Is there a room available tonight?

２泊したいのですが。１泊いくらですか？

I'd like to stay for two nights. How much is it per night?

Point 何泊とまるかの泊数を言うときは、「for＋数字＋night(s)」を使います。

シングルを1部屋、２泊でお願いしたいのですが。

Can I have one single room for two nights?

言換え ダブル：**double**　ツイン：**twin**　クイーン：**queen**

関連 「ベッドが２つある［バスタブ付きの］部屋ありますか?」
Can we have a room with two separate beds [a bathtub]?

もっと安い部屋はありますか？

Do you have any cheaper rooms?

早めに到着したとき

もうチェックインできますか？

Can I check in now?

申しわけありません。チェックインの時間は午後３時です。

I'm sorry, check-in time is 3 p.m.

わかりました。３時にまた来ます。

I see. I'll be back at three o'clock.

チェックインまでの間、荷物を預かっていただけますか？

Could you keep my baggage until I check in?

言換え ４時まで：**until four o'clock**

すぐに入れる部屋はありますか？

Is there a room available now?

フロントとのやりとり

サービスや施設について

このホテルに日本語を話せるスタッフはいますか？
Do you have any Japanese speaking staff?

モーニングコールをお願いしてもいいですか？
Could I have a wake-up call?

▶ はい、何時に（モーニングコールを）おかけしましょうか？
Yes, what time, sir/ma'am?

明日の朝５時半にお願いします。
5:30 tomorrow morning, please.

貴重品を受け取りたいのですが。
I'd like to have my valuables back, please.
関連 「貴重品を預けることはできますか？」Can you keep my valuables?

▶ 引換証を拝見できますか？
May I have your claim tag?

ベビーシッターを手配していただけますか？
Could you arrange for a baby-sitter?
言換え 日本語が話せるガイド：**Japanese-speaking guide**

ホテルのバーは何時まで空いてますか？
Could you tell me the opening time for the bar?
言換え レストラン：**restaurant**　フィットネスセンター：**fitness center**
プール：**swimming pool**

荷物を部屋へ運んでもらえますか？　ルームナンバーは203です。
Would you bring my baggage to the room? My room number is 203.

鍵が２つ必要なのですが、お願いします。
We need two keys, please.

部屋にはセーフティボックスがありますか？
Is there a safety box in the room?
Point safety boxは貴重品を保管する金庫のこと。単にsafeとも言います。

食事について

朝食はどこで食べられますか？
Where can I eat breakfast?
関連 「朝食を自分の部屋で食べることはできますか?」
Can I have breakfast in my room?

2階にレストランがございます。
▶ **We have a restaurant on the 2nd floor.**
関連 「こちらは無料の朝食券です。」
This is a voucher for complimentary breakfast.

係にカードキーをお見せください。
▶ **Please show your key card to the staff.**

朝食は何時ですか？
What time is breakfast?

朝食は朝６時から１０時の間です。
▶ **Breakfast is served from 6 a.m. to 10 a.m.**

ミニバーの補充をお願いしたいのですが。
I would like a restock for the mini-bar.

あとで友人が取りに来るよう、小包をフロントに預けておきたいのですが。
I'd like to leave a parcel for a friend to pick up from the front desk.

お名前とご友人のお名前、受け取りに来られる時間を教えてください。
▶ **I'll need your name, the name of your friend, and the time of pick-up.**

ランドリーサービス

ランドリーサービスはどのようにお願いすればいいですか？
How can I use the laundry service?

ランドリーリストにご記入のうえ、ランドリーバッグに入れてドアの前にお出しください。
▶ **Please fill out the laundry list, put your laundry in the laundry bag and leave it outside of your door.**

2234号室ですが、ランドリーをお願いしたいのですが。
I need some laundry picked up in room 2234.
Point 2234の言い方として22・34と2桁ずつ区切って言う方法もあります。

明日の朝までに洗濯物を戻してもらえますか？
Can I have my laundry back by tomorrow morning?
Point laundryには、「クリーニング店、洗濯室」のほかに、「洗濯物」という意味もあります。この場合は、数えられない名詞（不可算名詞）なので、aや複数を表すsはつきません。

パンツプレス（ズボンプレッサー）はありますか？
Do you have a pants press?
言換え アイロンとアイロン台：**an iron and ironing board**

洗濯室はありますか？
Do you have a laundry room?

Wi-Fi・ビジネスセンター

ここでWi-Fiは使えますか？
Do you have Wi-Fi here?
類似 「無料のWi-Fiはありますか?」Do you have free Wi-Fi here?

Wi-FiのIDとパスワードを教えてもらえますか？
Can you tell me the Wi-Fi ID and password?
関連 「どのWi-Fiがこちらのものですか?」Which one is your Wi-Fi?

部屋でインターネットはできますか？
Can I use the internet in my room?
関連 「USBケーブルをお借りできますか?」Can I borrow a USB cable?

ホテルのビジネスセンターは利用できますか？
Can I use the business center?
関連 「料金はどのようになっていますか?」What fees do you charge?

ホテルから外出

出かけてきます。鍵を預かっていただけますか？
I'm going out. Could you keep my room key, please?
関連 「帰りは遅くなります。」I'll be back late tonight.

この地域の地図はありますか？
Do you have a local map?

タクシーを呼んでいただけますか？
Could you call me a taxi, please?

この近くにコンビニはありますか？
Is there a convenience store near here?
言換え デパート：**department store**　銀行：**bank**

住所の入ったホテルのカードをもらえますか？
Can I have a hotel card with the address?

ホテルからいちばん近い駅はどこですか？
Where is the closest station from this hotel?

1234号室の鍵をお願いします。〈フロントで鍵をもらうとき〉
The key for room 1234, please.

お留守の間に日本からお電話がありました。
▸ **There was a call from Japan for you while you were out.**
関連 「お客様への伝言をお預かりしています。」We have a message for you.

両替

円をドルに両替してもらえますか？
Can you exchange Japanese yen to dollars?

お札を崩してもらえますか？
Could you make change for this bill?

25セントコイン（クォーター）が欲しいのですが。
I'd like quarters, please.

宿泊について

明日の早朝にチェックアウトします。
I'll check out early tomorrow morning.

明後日まで滞在を延長できますか？
Would it be possible to extend my stay till the day after tomorrow?

1日早く出発しなくてはなりません。
I need to leave one night earlier.

今日のうちに会計ができますか？〈早朝の出発などの場合〉
Can I just pay today?

ホテルでの過ごし方

さすが５つ星のホテルね！
Now, this is a five star hotel!
Point thisを強調して言うと、このホテルはすごいと感動した気持ちを表せます。

ふかふかのベッドだわ！
What a comfy bed!
Point comfyはcomfortableのカジュアルな言い方です。

何も考えずにゆっくりしたい。
I just want to chill out and not think about anything.

寝酒を買ってから部屋に戻ろう。
Let's grab a nightcap and go back to the room.
Point nightcapは「寝る前に飲む酒、寝酒」のこと。nightとcapはつなげて表記します。

暗くなる前に、ホテルの周辺を散歩しない？
Do you want to take a stroll around the hotel before it gets dark?
Point take a strollは「何気なくぶらぶら歩く／散策する」という意味です。take a walkよりもゆっくり気ままに歩くイメージです。

もうおみやげを買っておこうか？
Should we buy souvenirs now?

部屋のタオルはビーチへ持ち出さないでください。
Please don't bring the room towels down to the beach.

ビーチ用のタオルはありますか？
Does the hotel provide beach towels?

しまった、プールに鍵を置いてきちゃった。
Oh no, I left my key card at the pool.

ベッドにハウスキーピングのチップを置くのを忘れないでね。
Don't forget to leave a tip on the bed for housekeeping.

フロントに観光ツアーのパンフレットがあるか見てみよう。
Let's see if there are any local tour pamphlets at the front counter.

郷土料理をふるまってくれるおすすめのレストランはありますか？
Could you recommend a restaurant that serves local dishes?

雨が降ったらどのように過ごすのがおすすめですか？
Could you make a suggestion on what to do if it rains?

自転車を借りられるところはありますか？
Is there somewhere where we can rent bicycles?

このリゾートにはすごくいいゲームルームがあるんだ。見てみようよ。
This resort has a pretty nice game room. We should check it out.

ターンダウンサービスをお願いしたいのですが。
I'd like to request turndown service for my room.

Point turndown serviceは、夕方ベッドカバーを外してくれるサービスのこと。頼まなくては来てくれないホテルもあるので、そのときはこのように言います。多くのホテルはプラスアルファで簡単な掃除をしたり、冷蔵庫に氷を用意してくれます。また、子どもが寝る前に絵本を読み聞かせたり、カップルにカクテルを提供してくれるホテルもあります。ターンダウンサービスが不要な場合は、ドアにDo not disturb.の札をかけておけばOK。

223号室ですが、バスタオルを１枚いただけますか？
Could I get a bath towel in room 223?

枕をもう１つ余分に欲しいのですが。
I'd like an extra pillow.

言換え▶ 毛布：**a blanket**

B&Bで

どのくらいこのB&Bを経営されているのですか？
How long have you been running this B&B?

Point B&BはBed & Breakfastの略。一般のお宅や民家などをリフォームした宿泊施設のことです。

この家のアンティークの装飾がとても素敵ですね。
I really like the antique décor of this place.

WORDS ❖ ホテルの部屋

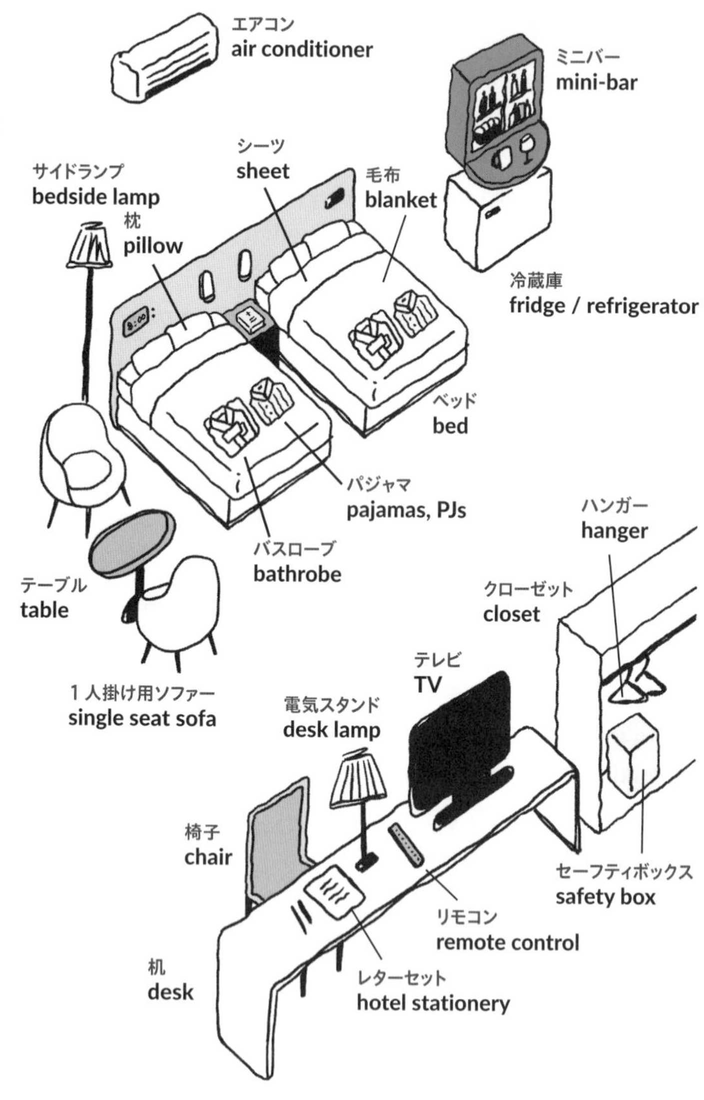

備え付けの設備	in-room amenities	洗濯物入れ	laundry bag
目覚まし時計	alarm clock	聖書	Bible

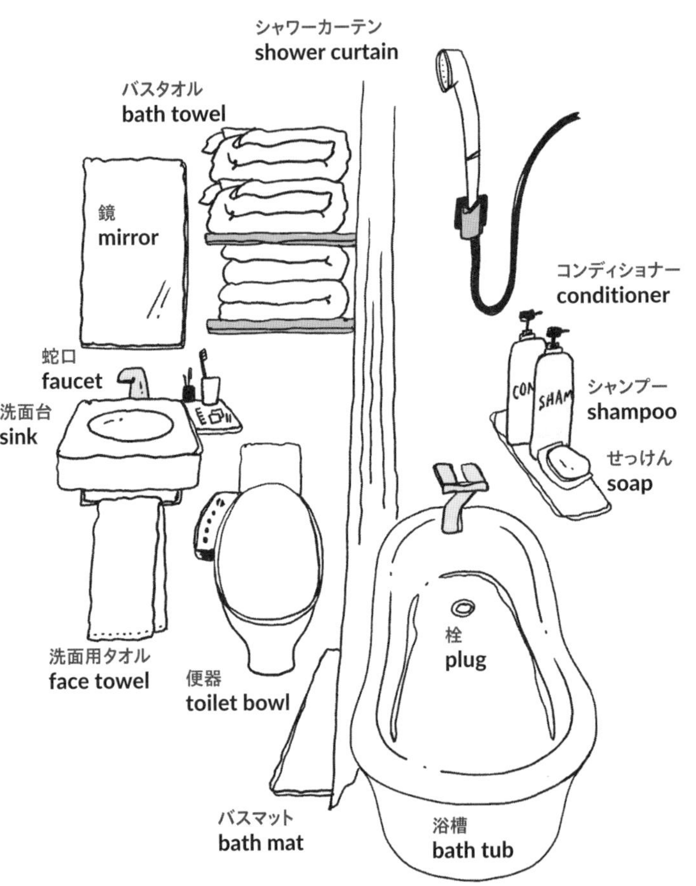

アメニティグッズ	bath amenities / hotel toiletries		
歯ブラシ、歯磨き	toothbrush, toothpaste	綿棒	swab
くし	comb	入浴剤	bath additive

ルームサービス

ルームサービスを頼む

▶ルームサービスです。ご用件は何でしょうか？
Room service. How can I help you?

ルームサービスをお願いできますか（ルームサービスは可能ですか）？
Can I ask for room service?

Point　Is room service available?と言ってもよいでしょう。
類似　「まだルームサービスは頼めますか？」Is room service still available?

714号室です。白ワイン１本とグラスを２つお願いできますか？
This is room 714. Could you bring a bottle of white wine and two glasses, please?

言換え　コーヒー［熱いお湯］をポットで：**a pot of coffee [hot water]**
Point　「～号室です」は、Call from ～ と言ってもよいでしょう。

▶かしこまりました。ほかには何か？
All right. Anything else?

氷もお願いします。
I need a bucket of ice as well.

Point　a bucket ofは「アイスバケット１杯の」という意味。as well「～も、さらに」は口語表現でよく使われます。

いいえ、それだけでけっこうです。ありがとう。
No, that'll be all. Thank you.

どのくらい時間がかかりますか？
How long will it take?

類似　「できるだけ早く持ってきてください。」
Bring it as soon as possible, please.

日曜日は何時までルームサービスを頼めますか？
How late is room service available on Sundays?

部屋に朝食を持ってきていただけますか？
Could you bring breakfast to my room?

料金の支払い

料金の80ドルは、あなたのお部屋にチャージします。

The total bill of 80 dollars will be charged to your room.

関連 Could you charge it to my room?
「料金は部屋につけていただけますか?」

現金で支払いたいのですが。

I'd like to pay in cash.

言換え クレジットカード:**by credit card**

Point ホテル内のレストランやバーからルームサービスを頼んだときは、料金を部屋代と一緒に払えますが、現金やクレジットカード払いにしたい場合にはこのように伝えましょう。

スタッフが部屋に来たら

どちら様ですか?〈ノックの音を聞いて〉

Who is it?

Point 部屋のロックは忘れずに! 誰か訪ねてきたときは、安全をしっかり確認してからドアを開けるようにしましょう。

ルームサービスです。入ってもよろしいですか?

Room service. May I come in?

少しお待ちください。どうぞ入ってください。

Just a moment. Please come in.

関連 「ルームサービスは頼んでいません。」I didn't order room service.

それではテーブルのご用意をいたします。

Let me set the table for you.

Point set the tableは「テーブルに食事の準備をする」というときの慣用表現です。

クレーム

1時間前にルームサービスを頼んだのですが、まだ来ていません。

I ordered room service an hour ago, but it has not arrived yet.

これは頼んだものと違います。

This is not what I ordered.

栓抜きがありませんよ。

We don't have a bottle opener.

トラブル

トラブル発生

トイレが流れません。
The toilet doesn't flush.

エアコンが使えません（壊れています）。
The air conditioner doesn't work.

言換え 冷蔵庫：**fridge**　暖房：**heater**　浴槽の栓：**bathtub plug**
関連 「部屋が寒すぎ［暑すぎ］ます。」My room is too cold[hot].

お湯が熱くありません。
The water is not hot enough.

関連 「お湯が出ません。」Hot water doesn't come out.

排水口が詰まっています。
The drain is blocked.

言換え トイレ：**toilet**

タオルがありません。
There aren't any towels.

隣の部屋がうるさすぎます。
The people next door are too noisy.

関連 「静かにしてもらうよう言ってもらえますか？」
Could you ask them to be quiet?

部屋がタバコ臭いのですが。
The room smells like cigarette smoke.

部屋が掃除されていません。
The room hasn't been cleaned.

セーフティボックスを開けられなくなりました。
I can't open the safety box.

浴槽の水が溢れてしまいました。
I accidentally overflowed the tub.

部屋にゴキブリがいます。
I saw a cockroach in my room.

対応を頼む

誰か修理に来ていただけませんか？
Could you send someone to fix it?

お客様のお部屋番号は？
▸ **What's your room number?**

501号室です。
My room is 501.

Point ホテルでは何かと自分の部屋番号を伝える機会も多いので、このMy room is ～という言い回しを覚えておくと便利です。

スタッフの方をずっと待っているのですが、まだ来ません。
I've been waiting for the hotel staff, but nobody has come yet.

関連 「早くしてください。」Please hurry.

部屋を替えていただけますか？
Could I please change rooms?

関連 「料金は変わりますか?」Will the room rate change?

忘れ物

部屋に鍵を置き忘れてしまいました。
I left my key in my room.

部屋に忘れ物をしてしまったようなのですが。
I think I left some of my stuff in my room.

Point I think ～は「～のような気がする」という気持ちを表現します。stuffは「もの、持ち物」を意味する口語表現です。

どのようなものですか？
▸ **May I ask what it looks like?**

関連 「携帯電話のバッテリーです。」It's a battery for my cellphone.

昨日の夜、このバーで腕時計の忘れ物はありましたか？
Did someone find a watch at this bar last night?

遺失物係はありますか？
Do you have a lost and found?

Point lost and foundはアメリカ英語。イギリスではlost property officeと言います。

チェックアウト

チェックアウトをお願いします。
I'd like to check out, please.

空港行きのシャトルバスはありますか？
Do you have a hotel shuttle that can bring me to the airport?

関連 「空港までタクシーの手配をお願いできますか?」
Can you arrange for a taxi to take me to the airport?

ベルボーイに来てもらいたいのですが。
Could you send a bellboy?

関連 「荷物を降ろしてください。」Take my baggage down, please.

ミニバーを利用されましたか？
Did you have anything from your mini-bar?

関連 「国際電話をかけましたか?」
Did you make an international phone call?

瓶ビールを２本飲みました。
I had two bottles of beer.

領収書を印刷いたしましょうか？
Would you like me to print out a receipt for you?

この料金は何ですか？
What's this amount for?

Point 不明な点があったらそのままにせずきちんと尋ねましょう。

これは間違っているようです。
I think it must be some kind of mistake.

関連 「このサービスは使っていません。」I didn't use this service.
「請求書を訂正してください。」Please correct the bill.

楽しかったですよ。ありがとう。
I enjoyed my stay. Thank you.

Point ホテルスタッフからWe hope to see you again.「またお越しください。」といったあいさつがあることもあります。こちらからも感謝の言葉を伝えましょう。

街をもう少し見てまわる間、荷物を預けられますか？
Can I store my baggage here while I explore the city a bit more?

第9章

暮らしの中で

一日の流れ～一日の始まり

朝起きて

おはよう！　起きる時間だよ！　起きて！

Good morning! It's time to get up! Wake up!

類似 「おはよう！」Good morning, sunshine! (sunshineは呼びかけ)

目覚まし時計が鳴っているよ。

The alarm is going off.

関連 「目覚まし時計を止めて。」Turn off the alarm.
「スヌーズボタンを押して。」Hit the snooze button.

ベッドから出たくないなあ。

I don't want to get out of bed.

関連 「早起きは三文の徳だよ！」The early bird gets the worm!

ぐっすり眠ったなあ。

I slept like a baby.

Point 直訳は「赤ん坊のように眠った」。sleep like a babyは、「ぐっすり眠る、熟睡する」という意味です。babyの代わりに、log「丸太」も使います。「よく眠った」と言うならI slept well. でもOK。

少しは寝不足が取れた？

Were you able to catch up on some sleep?

Point ここでのcatch upは「(遅れなどを) 取り戻す」という意味で使われており、catch up on sleepで「眠りを取り戻す」→「寝不足が取れる」という意味になります。

関連 「よく眠れた？」Did you sleep well?
「少しは眠れた？」Were you able to get some sleep?

しまった！　寝すごした！

Oh, no! I overslept!

Point oversleepは、うっかり寝すごしたというニュアンス。あえてゆっくり寝坊をするようなときはsleep inを使います。

寝言を言ってたよ。

You were talking in your sleep.

ゆうべは、夜中に何度も目が覚めちゃった。

I woke up several times in my sleep last night.

あなたのいびきのせいでよく眠れなかった。
I couldn't sleep well because of your snoring.
言換え 歯ぎしり：**teeth grinding**

ベッドはきれいにしたの？
Did you make your bed?
Point make a bedは「（起きたあとの）ベッドを整える」という意味です。アメリカの子どもたちは、自分の部屋の掃除やベッドの整頓や家の雑用など、決められた仕事を責任を持ってやるように教えられます。

ポストから朝刊を取ってきてくれる？
Could you bring the morning paper from the mailbox?

身支度

シャワーを浴びてくるね。
I'm going to take a shower.
関連 「朝食前に顔を洗いたいな。」I want to wash my face before breakfast.

寝ぐせを直さなくちゃ。
I'd better fix my bed hair.
Point bed hairはbed headとも言います。
関連 「寝ぐせを直したほうがいいよ。」You'd better fix your bed head.

このスーツにはどっちのシャツが似合うかな？
Which shirt goes better with this suit?

どっちでもいいんじゃない。
Either one is fine.

こっちかな。
Maybe this one.

ワンピースにアイロンをかけるの忘れた！
I forgot to iron my dress!

朝食

朝食は何にする？
What do you want for breakfast?

卵はどんなふうに料理しようか？
How do you like your eggs?
Point How do you like ～？は「あなたは～をどのように好きですか？」という意味です。そこから、話す場面によって「～はどうですか？」「～はいかがですか？」「～をどのようにしましょうか？」という意味が派生します。

朝食は一日の食事の中でいちばん大切だよ。

Breakfast is the most important meal of the day.

Point 「the most＋形容詞」は「最も、いちばん、この上なく」という意味です。

コーヒーをもう少しいかが？

Do you want some more coffee?

言換え ヨーグルト：**yogurt**　紅茶：**tea**

コーヒーとオレンジジュースどっちにする、それとも両方？

Do you want coffee, orange juice, or both?

私は毎日、朝食にパンケーキを食べています。

I eat pancakes for breakfast every morning.

言換え トースト：**toast**　シリアル：**cereal**　ワッフル：**waffles**
ごはん：**rice**　くだもの：**fruit**

たいてい朝食は抜いています。

I usually skip breakfast.

Point skipには「跳ねる、軽く飛ぶ、スキップする」などのほか、「（不要なものを）省略する、抜かす」という意味があります。

まずコーヒーを1杯飲まないと朝が始まらないな。

My morning doesn't start until I get a cup of coffee.

Point untilは、否定の表現を伴うと「～までは…しない、～になってやっと…」と訳されます。2つのものごとが同時に起こる場合は、whileを使います。

例 I like to read the paper while eating breakfast.
「私は朝食を食べながら新聞を読むのが好きなんです。」

卵焼きのバリエーション

アメリカの朝食に出されることが多い卵料理。調理にもいろいろなバリエーションがあります。

hard-boiled：固ゆで卵
soft-boiled：半熟のゆで卵
scrambled：スクランブルエッグ（日本のいり卵のようにバラバラにはならない）
sunny-side up：（片面の）目玉焼き
over easy / sunny-side down：両面焼き（目玉焼きをひっくり返して両面を焼く）
poached：ポーチドエッグ（殻をむき、直接お湯に入れて半熟にゆでる）

例 Give me one egg sunny-side up.「目玉焼きにしてください。」

出かける準備

忘れ物はない？
Do you have everything?
類似 「携帯電話は持った?」Do you have your cellphone with you?

ハンカチを忘れているよ。
You forgot to bring your handkerchief with you.

帰りは何時頃？
When will you be home?
関連 「6時頃になるよ。」I'll be back around six o'clock.

行ってきます（そろそろ仕事に行くね）！
I'm off to work now. / See you later!
Point workの代わりにschoolとすれば、「（学校に）行ってきます」の意味になります。「行ってきます」「行ってらっしゃい」にあたる決まった英語はありません。シチュエーションや相手によっていろいろな表現を使います。

行ってらっしゃい！
Have a nice day!
Point Bye, honey!という表現もあります。honeyやdarlingは、子どもやパートナーといった愛しくて大切な人への呼びかけに使います。

通勤・通学

電車に遅れそう！
I might miss my train!

ふう、間に合ったね。
Phew, we made it.

電車が遅れているのかな？　遅いね。
Is the train delayed? It's late.

車両故障だって。30分くらい遅れるらしいよ。
They said there was a train malfunction. It looks like it'll be about 30 minutes late.
言換え 急病人：medical emergency　信号機故障：light malfunction
人身事故：person injured by a train

うわ、混んでる！
Woah, it's crowded!

どうぞ座ってください。〈席を譲るときに〉
Here you are. Have a seat.

一日の流れ～日中の生活

掃除

ここは散らかっているなあ！

This place is a mess!

Point messは「ごちゃごちゃした状態、乱雑」のことです。This place is messy. と言うこともできます。

自分の部屋を整理してもらえますか？

Would you tidy up your bedroom, please?

関連 「片づけなさい。」Tidy it up.（子どもに）

Point Wouldはwillの丁寧な形です。人に何かをお願いするときは、家族であっても、丁寧にお願いをします。そのほうがお互いに気持ちがいいですよね。

階段を掃いてくれる？

Would you sweep the staircase?

Point sweepには、「掃除する、掃く」という意味があります。

掃除機がけや窓掃除をしないと。

I need to vacuum and wash the windows.

ここをきれいに片づけておくのは、楽じゃないよ。

It's not easy keeping this place spick and span.

Point spick and spanは、とてもきれいで、こざっぱりとして、整理整頓された様子を表します。spic and span / spic-and-spanとつづる場合もあります。

トイレは使用中なので、掃除はあとでやっておくね。

The toilet is occupied, so I'll clean it later.

Point トイレが使用中と言うときはoccupiedを使います。反対に空いているときはvacant「空いている、人のいない」を使います。

たまにはトイレ掃除をしてよ。

You know, you could clean the toilet once in a while.

WORDS 家事・手伝いのいろいろ

ほこりを払う	dust	窓掃除をする	wash the windows
床をモップで拭く	mop the floor	トイレ掃除をする	clean the toilet
掃除機をかける	vacuum	洗濯する	do the laundry
服にアイロンをかける	iron clothes	食器を洗う	do the dishes

お風呂場の掃除って面倒だね。
Cleaning the bathroom is a lot of work.

よく換気しないとカビが生えちゃうよ。
You need to ventilate the bathroom to prevent mold.

庭の手入れ

暑くならないうちに、草むしりをしましょう。
Let's start weeding before it gets too hot.

木の枝を少し切りたいね。
I want to trim the branches on the tree.

芝を刈っておいてくれる?
Would you mow the lawn?

Point mow the lawnで「芝を刈る、芝刈り機をかける」という意味。庭のあるアメリカの家庭にはたいていlawnmower「芝刈り機」があり、庭の芝刈りは子どものお手伝いや小遣い稼ぎとして一般的です。

鉢植えに水をあげておいてね。
Water the flowerpots.

蚊に刺された!
I got bitten by a mosquito!

Point get bitten by ～ は「～に刺される/咬まれる」という意味です。蚊、ノミなどの小さい虫に刺されたときはbiteを使うのがふつうですが、ハチの場合はstingを使います。

関連 「殺虫剤はどこ?」Where's the pesticide/insecticide?

洗濯

洗濯物はかごの中に入れておいてね。
Put your laundry in the hamper.

この靴下は、下洗いが必要だね。
These socks will need prewashing.

関連 「漂白剤につけないといけないね。」I'll have to bleach them.

今日、服を洗いたいのですが。
I want to wash clothes today.

Point アメリカやカナダでは、1週間に1回程度まとめて洗濯するのが一般的です。

洗濯機はもう回しているよ。
I've already started the washer.

お湯の温度を設定したいのですが。
I want to set the water temperature.

Point アメリカやカナダでは、洗濯から乾燥まで機械まかせがふつうです。洗濯物の量や洗い方のほか洗濯水の温度もセットします。

洗濯上の注意点をタグで確認したの？
Did you check the tags for special instructions?

Point アメリカやカナダの洗濯機・乾燥機はパワーが強力なので、素材によっては日本よりも注意が必要です。

（それらを）しまってくれる？
Would you put them away?

ランチ

お昼は昨日の残り物を食べよう。
Let's eat the leftovers from yesterday for lunch.

遅めに起きたので、ブランチにします。
Since we woke up late, we're having some brunch.

お昼ごはんを作るのは面倒くさいな。
Making lunch is so annoying.

ランチを一緒に食べよう！
Let's have lunch together!

Point この場合のhaveは「食べる」という意味です。takeやeatも「食べる」という意味ですが、この場合はhaveが自然です。

お昼は即席麺でいいかな。
I think I'll just have some instant noodles.

お昼のドラマ、始まっちゃうよ。
It's time for soap operas.

Point soap operaは、平日の昼間に放送されている連続ドラマのことです。

買い物へ

夕ごはんはハンバーグでどうかな？
How does hamburger steak sound for dinner?

あ、玉ねぎがない。
Oh, we don't have any onions.

ちょっと買い物に行ってくるね。
I'm going out to do a little bit of shopping.

クリーニングもついでに出してこよう。
I'll stop by the dry cleaners too.

何か買ってくるものはある？
Do you need anything (from the store)?

ビールを買ってきてほしいな。
Can you grab some beer?

買い物リストがないと、忘れちゃうんじゃない？
Won't you forget something without a shopping list?

家族の帰宅

ただいま！
Hi. I'm home. / I'm back.

お帰り。今日はどうだった？
Hi. How was your day?

類似 「今日、学校はどうだった？」How was school today?
「今日も忙しかったの？」Did you have another busy day today?

今、帰宅中？〈電話やメールで〉
Are you on your way back?

遅いけど何かあったの？〈電話やメールで〉
What took you so long?

関連 「今どこ？」Where are you now?
「もうすぐ家に着く？」Are you almost home?

おなかがすいたよ。何か食べるものはある？
I'm hungry. Do you have anything to eat?

制服はちゃんとクローゼットにかけてね。
Hang your uniform in the closet.

関連 「床に服を脱ぎ散らかさないでね。」
Don't scatter your clothes on the floor.

一日の流れ～日が暮れて

夕食の準備

テーブルに食器を準備してくれる？

Can you please set the table?

Point　このset the tableは日本の食卓で食器を並べるときにも使える表現です。

これ、電子レンジで３分間温めてもらえる？

Can you microwave this for three minutes?

Point　microwaveの代わりにheat upを使ってheat this upと言うこともできます。

夕ごはんの準備ができたよ！

Dinner is ready!

Point　Come and get it!（直訳は「取りに来なさい」）も同じ意味で使えます。

おなかがぺこぺこだよ！

I'm starving!

Point　本来、starve は「飢えに苦しむ、餓死する」という意味ですが、口語でbe starvingは、「とてもおなかが空いている（very hungry）」という意味になります。

さあ、食べましょう！

Let's eat!

Point　Dig in!「食べよう！」と言ってもいいでしょう。「いただきます」にあたる英語はありません。みんなに料理が行き渡るまで食べ始めないようにするのは、洋の東西を問わず一緒です。

どれもおいしそうなにおいだね！

Everything smells delicious!

Point　出された料理は照れずにどんどんほめましょう。smells deliciousの代わりに、tastes delicious「おいしい」、looks delicious「おいしそうだね」と言ってもいいですね。

注意してね。オーブンから出したばかりだから。

Careful. I just took it out of the oven.

冷める前に食べてね。

Eat up before it gets cold.

関連　「熱いうちに食べてください。」Eat up while it's hot.

ポテトを取ってください。

Pass the potatoes, please.

Point ここでのpassは、「ものを人に渡す／回す」という意味です。ほかの人の前を横切るように手を伸ばして、調味料やパンなどを取るのはマナー違反です。近くの人に頼んで取ってもらいましょう。

ナプキンをください。飲み物をこぼしちゃいました！

Give me some napkins. I spilled my drink!

Point spillの過去形、過去分詞はspilledとspiltの２とおりのスペルがあります。

お代わりはどうですか？

Would you like seconds?

関連 「お代わりをもらえますか？」Can I have a second helping?

もうおなかいっぱいです！

I'm full!

類似 「もう、ひと口も食べられない！」I couldn't eat another bite!

ごちそうさまでした！

Thanks for the delicious meal!

Point 直訳は「おいしい料理をありがとう」。英語には、「いただきます」と同様、「ごちそうさま」にあたる表現がありませんが、食べ終わったあともお礼と感謝を伝えましょう。

類似 「おいしい料理でしたね。」The meal was delicious.

ずっと家庭料理を食べてないなあ。

It's been a long time since I've had a home cooked meal.

片づけ

テーブルの上は、そのままにしておいていいよ。

You can leave your plates on the table.

関連 「テーブルの上を片づけて。」Clear the table.

誰か食器を洗ってくれる（誰が食器を洗うのですか）？

Who is going to do the dishes?

お皿を軽く洗って、食器洗い機に入れてね。

Rinse the dishes and put them in the dishwasher.

関連 「食器洗い機に入れる前に、お皿の残飯は捨ててね。」
Remove the food on the plates before loading the dishwasher.

さっさと、済ませてしまおう。
Let's get this over with.

そこの洗剤とスポンジを使ってね。
Use the detergent and sponge over there.

棚にしまってくれる？
Would you put these in the cupboard?

バスタイム

お風呂、先に入ったら？
Why don't you take a bath first?

類似 「私より先にお風呂に入っていいよ。」You can take a bath before me.

ゆったりするにはお風呂が最高だね。
Taking a bath is a great way to relax.

お風呂にお湯を入れるね。
I'm going to run a bath.

Point run a bathで「風呂にお湯を入れる」という意味です。draw a bath / prepare a bathも同じ意味で使えます。

シャンプーの詰め替えを取ってもらえる？
Can you give me a shampoo refill?

風呂上がりの冷たいビールは格別だな。
Nothing beats a cold beer after a hot bath.

Point nothing beats ～ は「～がいちばんよい、～に勝るものはない」という意味。nothing is better than ～ と言い換えることもできます。

リビングで

わーい、金曜日だ！
Thank God, it's Friday!

Point 仕事や学校が週末を迎える金曜日、ホッとしてうれしいのはどこも同じですね。Thank God, it's Friday.の頭文字を取って、TGIF!とも言います。

今夜、テレビ番組は何やっているかな？
What's on TV tonight?

関連 「リモコンを貸して。」Pass me the remote.

ボリュームを上げて。
Turn up the volume.

Point turn upは「音を大きくする→音量を上げる」ことで、反対はturn down「音を小さくする→音量を下げる」。muteは「消音にする」という意味です。テレビやゲームなどのオン・オフには、turn on[off]を使います。

関連 「テレビをつけて[消して]。」Turn on[off] the TV.

今晩は、『ストレンジャー・シングス』のシーズン最終回だよ。
The season finale of "Stranger Things" is on tonight.

Point season finaleは、ドラマなどの1シーズン（日本でも、シーズンで区切るドラマがよくありますね）の最終話のこと。series finaleは、その番組全体の最終話を指します。

ゲームをするのは30分だけだよ。
You can only play the game for 30 minutes.

読みかけの本でも読もうかな。
I'll read the book I'm in the middle of.

ウィスキーを少しどう？
How about some whiskey?

就寝の時間

もうこんな時間！　寝る時間を過ぎちゃってる。
Look at the time! It's past my bedtime.

明日も早いんだ。さあ、もう寝よう！
I have an early day tomorrow. Let's go to bed.

歯磨きするのを忘れないでね。
Don't forget to brush your teeth.

寝る前のスマホはダメだよ。
Don't use your smartphone in bed.

ぐっすり眠ってね！　おやすみ！
Sleep tight! Good night!

類似 「いい夢を見てね！」Sweet dreams!

今夜は蒸し暑くて全然眠れない。
I can't sleep because it's so muggy tonight.

キッチンで

キッチンを使って料理してもいいですか？
Can I use the kitchen to cook?

この調味料を借りてもいい？
May I use these condiments?

レシピには８分湯煎するように書いてあります。
The recipe says to double boil this for eight minutes.
関連 「実際には７分でも大丈夫よ。」Actually, seven minutes is fine.

肉に下味をつけているところです。
I'm seasoning the meat.

次に入れる材料を用意してもらえますか？
Could you prepare the next ingredients?

まな板は、このクロスで拭いてね。
Wipe the cutting board with this cloth.

食材はジッパーバックに入れておけば２日くらい持つよ。
Put all the ingredients in a ziploc bag and it'll last for two days.
Point ziplocはもともと商品名ですが、一般名詞のように使われています。なお、ラップはplastic wrap、アルミホイルはaluminium foilと言います。

この料理は作ったことがないけどおいしいかな。
I've never tried this recipe. I wonder if it's good.

あ、入れすぎてしまった！
Oh, I put too much in!

残念、焦げついてしまった。
Oh no, it's burnt.

オーブンを予熱にしたいのですが。
I want to pre-heat the oven.

チキンを焼くにはオーブンを350度に設定しないといけないよ。
You need to set the oven to 350 degrees to roast chicken.
Point アメリカなどでは華氏（°F）が使われており、華氏350度は摂氏約180度です。

味見をしてもらえる？

Can you taste this, please?

関連 「もっと塩を入れたほうがいいみたい。」Maybe it could use a little more salt.

生ゴミはどこに捨てたらいいですか？

Where do I throw out burnable garbage?

日本には、クックパッドという人気のあるレシピサイトがあります。

There's a popular Japanese recipe website called Cookpad.

WORDS ❖ 調理器具

WORDS ❖ 調理の基本

切る	cut	煮込む	stew
たたくように切る	chop	揚げる	deep fry
さいの目に切る	dice	温める	warm up
薄切りにする	slice	解凍する	defrost
皮をむく	peel	（水などを）注ぐ	pour
ゆでる	boil	水気を切る、汁気をきる	drain
削る	grate	洗う	wash

電話

電話をかける

もしもし、ブラウンさんのお宅ですか？
Hello, is this the Brown residence?
類似 「もしもし、ワトソンさんはいらっしゃいますか？」
Hello, may I speak to Mr. Watson?

ちょっと急ぎの用なんだけど。
This is kind of urgent.

仕事中にごめんね。
I'm sorry to call you at work.

フーパーから電話があったことを、彼女にお伝えいただけますか？
Could you tell her that Ms. Hooper called?
Point Ms.は女性に対する敬称で、既婚か未婚かを問わずに使えます。なお、Mrs.は既婚女性に、Missは未婚女性に使います。男性への敬称Mr.は未婚・既婚問わずに使います。

のちほど、またお電話します。
I'll call back later.

123-4567までかけてくれるよう彼女にお伝えください。
Tell her she can reach me at 123-4567.

すみません、かけ間違えました。
Sorry, I must have misdialed.

電話を受ける

電話が鳴っているよ。出てくれますか？
The phone is ringing. Could you get that?

もしもし、佐藤です。
Hello. This is Sato speaking.
関連 「私ですが。」Speaking.

どのようなご用件ですか？
How can I help you?

どちら様ですか？
May I ask who's calling?

ごめんね、ちょっと手が離せないんだ。
Sorry, I'm tied up now.

あとで、こちらからかけ直しますね。
I'll call you back later.

すみません、彼女は今不在なんです。
I'm sorry, she's not here at the moment.
関連 「今、母は出かけていますが。」My mother is out now.

何か伝言はありますか？
Would you like to leave a message?
関連 「電話があったことを彼女に伝えておきます。」I'll tell her you called.

番号をお間違いのようですが。
I think you have the wrong number.

いろいろな受け答え

少々お待ちください。
Hold on just a moment, please. / One moment, please.

お母さん、ジョーンズさんから電話だよ。
Mom, Mrs. Jones is on the line.

スピーカーホンにしますね。
I'll put you on speaker phone.

電波が悪いみたいです。
We seem to have a bad connection.

キャッチホンが入っちゃった。
I've got another call on the line.

お話ができてよかったです。
It was nice talking with you.

お電話ありがとうございました。失礼します。
Thanks for calling. Goodbye.

天気

晴れ・暑い日

いい天気ですね。
It's a beautiful day.
言換え (焼けつくように) とても暑い日：**scorcher**

外はすごく暑そう［寒そう］だね！
It looks really hot[cold] out!

今日は暖かいですね。
It's warm today.
言換え 涼しい：**cool**　肌寒い：**chilly**　蒸し暑い：**hot and humid**

外に出る前に日焼け止めを塗っていってね。
Put on some sunscreen before you go out.

今日は陽ざしが強いです。
The sun is really strong today.

酷暑のまっただ中ですね。
We're in the middle of a heat wave.
Point heat waveは（長期間の）酷暑という意味。「夏の猛暑」はan extreme summer heat waveと表現します。

今日はとても暑くなりそうだね。
It's going to be a scorcher today.

十分な水分補給を忘れないでね。
Be sure to drink plenty of water.

天気の表現

It's ＿＿ today. 今日は＿＿です。	It's going to be ＿＿ today. 今日は＿＿な天気になるでしょう。

clear：快晴　fine：晴天　calm：穏やか
cloudy：くもり　rainy：雨模様の　snowy：雪降りの
windy：風の強い　stormy：嵐・暴風雨の　foggy：霧のかかった

雨・雪・寒い日

ジャケットを着てね。外はとても寒いよ！

You'll need a jacket. It's freezing outside!

ひどい天気だから外に出たくないなあ。

The weather is so miserable I don't want to go out.

気をつけて、道路が凍って滑りやすくなっているから。

Watch out, the roads are very icy.

今は梅雨だから、天気が不安定だね。

It's the rainy season, so the weather is unstable.

傘を持っていったほうがいいですか？

Should I bring my umbrella with me?

天気の変化

明日の天気はどうなりますか？

What's the weather going to be like tomorrow?

関連 「天気予報をチェックしましたか?」Did you check the weather forecast?

今日の降水確率は30％です。

There's a 30% chance of rain today.

気温は（摂氏）20度まで上がるよ。

It's going to rise to 20 degrees Celsius.

関連 「今日の気温は何度?」What's the temperature today?

これから厳しい寒さが始まりますね。

The harsh cold winter has begun.

予報ではこのあと雪が降ると言ってたよ。

The forecast said it'll snow later on.

朝までには晴れるでしょう。

It should clear up by morning.

Point clear upは「晴れる、晴れ上がる」ときに使います。
例「だんだん晴れ間が見えてきた。」The sky is starting to clear up.

台風が来るよ。

A typhoon is coming.

関連 「台風が沖縄に接近しています。」A typhoon is approaching Okinawa.

お祝い

もうすぐ私の誕生日なんです。

My birthday is coming up.

Point　～ be coming upは、「が近づく(=it will be ～ soon)」という意味。

関連　「遅ればせながら、お誕生日おめでとう！」Happy belated birthday!

成人式にお母さんが私に着物を贈ってくれました。

My mother gave me a kimono for my coming of age ceremony.

Point　日本の成人式にあたるような、ある年齢を特別に祝う儀式がない国もあります。ただ、おとなへの仲間入りと見なす大切な年齢の誕生日はあります。多くの国々では、法的な成人年齢を18歳としています。

彼のためにサプライズパーティーをしよう。

Let's throw him a surprise party.

Point　throwには、「パーティーを開く／催す」という意味があります。

私たちは５年前の今日結婚しました。時間がたつのは早いものです。

We were married five years ago, today. Time flies.

Point　Time flies.は、時の流れの早さを感慨深く言い表す慣用句で、How time flies!とも言います。日本語の「光陰矢の如し」にあたります。

関連　「楽しいと時間がたつのが早いね。」
Time flies when you're having fun.

私たちの記念日を忘れるなんて、信じられない！

I can't believe you forgot our anniversary!

家族みんなで、あなたの卒業をお祝いするよ。

The family will have a celebration for your graduation.

Point　have a celebrationで「お祝いする」という意味です。

私は、母の日には決まって母へ花を贈ります。

I send my mother flowers every Mother's Day.

これは感謝のしるしです。〈手渡しながら〉

This is a token of my appreciation.

Point　appreciationの代わりにapologyと言えば「お詫びのしるしです」という意味になります。

第10章

人間関係・コミュニケーション

友人・知人と
恋愛
招待する・招待される
メール・SNS

友人・知人と

食事や飲み会に誘う

一緒に夕食を食べに行きませんか？
Would you like to go out for dinner together?
関連 「コーヒーを飲みませんか?」Would you like to have some coffee?

明日の晩、一緒に食事をしましょう。
Let's have dinner together tomorrow night.
関連 「明日は空いていますか?」Are you free tomorrow?
「何時がいいですか?」When is a good time for you?

ちょっと飲みませんか？
How about one drink?
関連 「何か飲みませんか? (=ごちそうしますよ。)」Can I buy you a drink?

一緒に遊ばない？
Wanna hang out?
Point wanna (=want to) はくだけた口語表現です。hang out は「(友人などと) 一緒に時間を過ごす」という意味。似た表現に chill があり、こちらは「一緒にリラックスして過ごす」というときに使います。

友人関係について

彼女は私の親友です。
She's my best friend.
Point best friend のよりくだけた表現 bestie を使って、We're besties. という言い方もあります。

私たちはとっても仲よしです。
We're really close.

２人とも知り合いなの？　偶然だなあ！
You guys know each other? What a coincidence!

ジョンは、ぼくたち共通の友人ですよ。
We're both friends with John.

メアリーとは同級生でした。
Mary was in the same class as me.
類似 「メアリーは同級生です。」Mary is my classmate. (在学中)

ジェームズは学生時代の先輩なんです。

James graduated before me.

類似 「ジェームズは学校の先輩です。」
James is in a higher grade than me in school.（2人が在学中の場合）

近況について

新しい仕事に就いたそうですね。

I heard you got a new job.

言換え 結婚した：**got married**　子どもが生まれた：**had a baby**
東京大学に受かった：**got into the University of Tokyo**

Point I heard ～ は人から聞いた話をほかの誰かに伝えるときに使います。最後のイントネーションを上げると「～したんだって？」と尋ねる表現になります。

関連 「河合さんから聞きましたよ。」I heard it from Ms. Kawai.

つい最近、新居に引っ越しました。

I just moved into a new house.

Point この場合のjustは、「つい最近」という意味です。

地元の団体でボランティアをしているんだ。

I volunteer for a local group.

ご両親はお元気ですか？

How are your parents doing?

インフルエンザにかかっていました。

I got the flu.

Point fluはinfluenzaの略。

会えなくなると寂しいね。

I'm gonna miss you.

Point gonna = going to = will。ほぼ同じ意味でI'll miss you.も使います。I miss you.だったら、「（あなたがいなくて）寂しい、あなたが恋しい」という意味になります。

近いうちに会って話そうよ。

We need to catch up sometime soon.

Point catch upには「追いつく」という意味があります。この場合は「相手の最近の情報に追いつきたい」、つまり、久しぶりに連絡が取れた友人に対して、会って近況を聞きたいというときに使います。

次に君が街に来たときは会おうね。

Let's get together next time you're in town.

学校の友人と

私たち、同じ授業を受けているみたいだね。
I think we're taking the same class.

生物学のノートを貸してくれる？
Can I borrow your notes from biology class?
関連 「あとでノートを見せてくれない？」Can I see your notebook later?

会計学の授業は休講だって。
The accounting class has been cancelled.

昨日はなぜ授業を欠席したの？
Why were you absent from class yesterday?

レポートの提出期限が近いのに、何もやっていないよ。
The report is due soon, but I haven't even started on it.

君のレポート、ウェブサイトからの丸写しじゃないか。
Your report has been copied straight from the website.
Point 「丸写しする」と言うときはcopyを使います。

学食のメニュー、もう少しバリエーションが欲しいよね。
I wish they had more choices at the school cafeteria.

次の授業サボっちゃう？
Do you want to ditch the next class?
Point 「サボる」というときは、ditchあるいはskipを使います。

今日は抜き打ちテストがあったんだ。
The teacher gave us a pop-quiz today.

試験対策で徹夜したんだ。
I had to pull an all-nighter for the exam.
Point pull an all-nighterは、stay up all nightと言ってもよいでしょう。

試験で満点を取ったんだ。
I aced the exam.
Point aceは、テストで高得点・満点を取るという意味です。

数学の追試を受けることになったよ。
I'm going to have to take a makeup exam in math.
Point 追試はmakeup exam / examinationと言います。

恋愛

恋のうわさ

ちょっと聞いてよ。

Guess what.

Point 「何だと思う?」「当ててみてよ」といった調子で、相手の注意を喚起するときなどに使います。答えるときはWhat?「何?」などと言います。

関連 「何が起こったか聞いてる?」Did you hear what happened?
「ねえ、知ってる?」Have you heard the news?

麻衣と優斗は別れたんだって?

Did you hear Mai and Yuto broke up?

あの２人つき合っているんだ。

They are going out.

Point going out のほかに、seeing each other / dating も同じような意味で使います。

例「あの２人は、けっこう長い間つき合ってるよ。」
They have been seeing each other for a while.

彼はあなたに夢中だよ。

He's really into you.

Point be into ～ で、「～にのめり込んでいる／ハマっている」という意味。She's into horror movies.とすれば「彼女はホラー映画にハマっている」という意味になります。

あなたの彼氏、由美子の元カレだよ。

Your boyfriend is Yumiko's ex.

Point exは「元カレ、元カノ」という意味。

君が婚約したって、ミカが言っていたよ!

Mika told me you got engaged!

Point toldとsaidは、使い方の違いに注意しましょう。toldは話す相手(聞き手)が必要です。

例 Dennis said you were sick.「デニスは、あなたが病気だと言った。」
Dennis told me you were sick.
「デニスはあなたが病気だと私に言った。」

彼女、また彼氏ののろけ話をしてるよ!

She's bragging about her boyfriend again!

恋バナ・恋の悩み

彼のことを好きになりそう。
I think I'm falling for him.

彼に夢中なの。
I have a crush on him.
関連 「彼のことが好きでたまらないの。」I'm obsessed with him.

（恋愛対象として見られずに）友だちのままでいるのは辛いなあ。
Being in the friend zone is tough.
Point being in the friend zoneは友だち同士の２人のうち、どちらかだけが恋愛関係になりたいと願っている状態を表します。
関連 「とてもじゃないけど彼に好きだなんて言えないよ。」
I can never tell him how I feel about him.

彼氏とはうまくいっているの？
How are things with your boyfriend?

彼は私になんて興味ないのよ。
He's not interested in me.

ほかに好きな人がいるみたい。
He's in love with someone else.

拒絶されている気がする。
I feel rejected.

彼のことはもう忘れたほうがいいよ。
You need to get over him.

彼ったら、あなたのことをずっと見ているわよ。
He's been staring at you.
Point eyeを動詞として使ってHe's eyeing you.という言い回しもあります。

彼はあなたの好みなんじゃない？
Isn't he your type?

彼って独身かしら？
I wonder if he's single.

望み薄だよ、やめておいたら。
I don't think you have a chance with him.

あなたは面食いよね。
You always go for the good-looking ones.

告白・デートに誘う

もしかして彼女（彼氏）いる？
Are you seeing someone?

私たちもうつき合っているのかな？
Are we dating?

すぐにまた会いたいな。
I can't wait to see you again.

Point 直訳は「あなたに再び会うことを待てない」。I can't wait to ～ で「～が待ち遠しい／早く～したい」という意味。I'm looking forward to ～ も同じように使えます。

私にはあなたしかいない。
You're the only one for me.

友だちのままでいいじゃない。
Maybe we should stay friends.

本気で言ってるの？
Do you mean it?

つき合ってくれませんか？
Would you go out with me?

Point go outには「つき合う」（前出）と「デートする」の両方の意味があります。

明日デートしない？
Do you want to go out with me tomorrow?

いいわよ。
I'd be happy to.

大丈夫だと思う。
I think I can make it.

ごめんなさい、先約があるの。
Sorry, I have plans.

関連 「私よりも、もっといい人がいると思います。」
I think you deserve someone better.

招待する・招待される

イベントに招く・招かれる

今度の土曜日にバーベキューをするけど、あなたも来ない？
I'm having a BBQ this Saturday. Do you think you can make it?

わあ、ぜひ行くよ。 **Oh, I'd love to.**	ごめん、都合が悪いんだ。 **I'm sorry, I can't.**

誰が来るの？
Who's going?

11時に、駅に迎えに行くよ。
I'll come pick you up from the station at eleven o'clock.

関連 「11時までにうちに来てくれる？」
Can you come to the house by eleven o'clock?

ワカンダ公園のバーベキューコーナーに来てね。
Come to the BBQ area of Wakanda park.

何人くらい来るの？
How many people are coming?

飲み物を持っていこうか？
Should I bring something to drink?

関連 「飲み物をお願いしてもいい？」Could you bring something to drink?

手ぶらで来てください。
Just bring yourself.

Point 日本語を直訳してcome empty-handed.と言うと、何か持ってくるはずだったのに手ぶらで来たという意味になってしまいます。

パーティーに誘われて

引っ越し祝いに何を持っていくつもり？
What are you going to bring to the housewarming party?

Point be going to ～ は、ここでは「～するつもりである」という意志を表しています。be planning on ～ingという言い方もあります。

例「パイを持っていくね。」
I'm going to bring a pie. / I'm planning on bringing a pie.

友だちのベビーシャワーに行かなくてはいけないんです。
I have to go to my friend's baby shower.

Point baby showerは、出産前の女性を囲んで祝福するアメリカの習慣です。バルーンなどを飾り、ベビー用品などをプレゼントするかわいいイベントです。職場でも、産休に入る前にみんなでケーキを食べてお祝いします。

パーティーのドレスコードは？
What's the dress code for the party?

Point dress codeは、パーティーやレストランなどでの服装の決まりのこと。仮装パーティーやコスプレショーではtheme「テーマ」と言ったりします。ちなみに、black tieはネクタイとタキシードによる正装のこと。

パーティー当日

ようこそいらっしゃい！
Welcome!

お招きいただきありがとうございます。
Thank you for inviting me.

来てくれてうれしいよ。ゆっくりしていってね。
I'm glad you came. Please enjoy the party.

はい、これ。皆さんでどうぞ。〈持ってきたものを出して〉
Here. I brought this for everyone.

パーティーの始まりだ！
Party time!

では、乾杯したいと思います。友だちに乾杯！
I'd like to propose a toast. To friends!

Point 結婚式やパーティーで祝杯を挙げるときに使います。ほかの参加者はTo friends!と唱和して乾杯します。To friends!以外にも場面に合わせてTo (your) health!「(あなたの)健康を祈って！」To our bright future!「輝かしい未来に！」などと言います。

乾杯！
Cheers! / Toast! / Bottoms up!

パーティーの準備、たいへんだったでしょう。
It must have been tough setting everything up for the party.

今度はうちでやりましょう！
Let's do it at my house next time!

メール・SNS

メール

メールアドレスを教えてくれる？
Can I get your e-mail address?

もちろん。go_joe-fay@email.comです。
Sure. It's go_ joe-fay@email.com.
Point メールアドレスを伝えるとき、ハイフンはdash、アンダーバーはunderscore、@はat、ピリオドはdotと呼ぶのが一般的です。

メールをくださいね。
Text me.
Point 携帯やスマートフォンからテキスト文字を送るときの表現。textは動詞としても使います。
類似 「（パソコンから）メールしてね！」E-mail me! / Send me an e-mail!

送信完了です。
It's sent.
関連 「メール届いた？」Did you get my email?

返信が遅くなってすみません。
I'm sorry for my late reply.

そのメールを、CCで私にも送ってください。
CC me in that e-mail, please.
Point CCはcarbon copyの略。ここではCCが動詞として使われています。

資料をメールに添付して、私宛てに送ってください。
Attach the document to an e-mail and send it to me.

添付ファイルが開けません。
I couldn't open the attached file.

文字化けしていました。
The text was garbled.
Point garbleは「ゆがめる、誤って伝える」という意味。garbledは文字化けしていたときによく使われる単語です。

別のアドレスに送ってもらえますか？
Could you send it to a different address?

ファイル名が間違ってるのかな。
Maybe I have the wrong file name.

私のメッセージが迷惑メールボックスに入っていないか確認してください。
Check your spam folder for my message.

Point spam mailは、商業目的などで一方的に送られてくるメールのこと。junk mail「ガラクタメール」とも言います。spam folderは、メールソフトが自動的に迷惑メールを判断して振り分けてくれるフォルダのことです。

SNS

インスタグラムを始めました。
I've started using Instagram.

あなたのクレジットを記載するので、お写真をリポストしてもいいですか？
Is it OK to repost your picture as long as I credit you?

Point インスタグラムで他の人の投稿をリポスト（再投稿）するとき、相手に事前許可を取っておきたいときがあります。そんなときに便利なフレーズです。

投稿したら写真にタグ付けを忘れないでね。
Make sure you tag me in the photo when you post it.

どうやってビデオをリグラムするか知ってる？
Do you know how to regram a video?

フェイスブックはやっているの？
Are you on Facebook?

関連 「友だち申請してもいい?」Can I friend-request you?

あなたをフォローしたよ。
I'm following you.

ずいぶんフォロワーがいるんだね。
Wow, you've got so many followers.

「いいね！」しておいたよ。
I pushed the "like" button.

関連 「コメントうれしかったです。」Thanks for your comment.

一緒に写っている写真をアップしてもいい？
Can I post the photo of us together?

Point 「～を掲載する、投稿する」というときはpostを使います。

非公開設定の方法を教えて。〈実際に目の前で操作を教えてもらう場合〉
Show me how to make this private.

あなたにラインの招待メールを送りました。
I've sent you an invitation through LINE.

最近ブログを更新していないなあ。
I haven't updated my blog lately.

これはツイートしておこう。
I'm going to tweet this.

関連 「リツイートしましたよ。」I retweeted it.

彼をブロックしちゃった。
I blocked him.

彼女、私のメールを既読スルーしていると思う。
I think she's ignoring my texts.

Point ignore one's textで「既読スルー」、ignoreは「～を無視する」という意味です。相手からの連絡をあえて無視するときの口語表現にghostingもあります。

例 I think she's ghosting me.
「彼女、(私のメールを)無視しているみたい。」

インターネット

このあたりにネットカフェはありますか？
Is there an Internet cafe around here?

ネット検索してみます。
I'll google it.

Point googleは、大手ネット検索エンジンGoogleから派生した「ネットで検索する」という意味の動詞です。ほかにもFedEx(アメリカの宅配業者)など企業名が動詞で使われることがあります。

例 Could you fedex it for me?
「それを私にフェデックスで送っていただけますか?」

ノートパソコンのバッテリーを充電しなくては。
I need to recharge my laptop battery.

私のネット履歴を消すにはどうしたらいいですか？
How do I delete my Internet history?

このサイトの申し込み方を教えていただけますか？
Could you please tell me how to sign up for this site?

第11章

日本紹介とおもてなし

道案内・アテンドの基本
観光地でおもてなし
飲食店でおもてなし
和食のお店
ショッピングで
日本の宗教・歴史
日本の社会・文化
日本の日常
日本の風物詩
スポーツ

道案内・アテンドの基本

道を尋ねられたときに

月島はどこですか?
Where is Tsukishima?

そこの道をまっすぐ行ってください。
Go straight on that street.
関連 「電車を使うよりも歩いて行ったほうが早いですよ。」
It's faster to walk than take the train.

浅草には、まず山手線に乗っていきます。
To get to Asakusa, first you need to get on the Yamanote Line.
関連 「神田駅で電車を乗り換えます。」
You need to switch trains at Kanda Station.

ここからなら、副都心線に乗るとわかりやすいですよ。
From here it's easier to take the Fukutoshin Line.

ライオンの像がある角のデパートが目印です。
There will be a lion statue at the corner of the department store.

さらに200メートルほど北に歩いてください。
From there, walk 200 meters north.

観光案内所で路線図がもらえますよ。
You can get a rail map at the tourist information center.
関連 「地下鉄はそれぞれラインカラーが決まっています。」
Each subway line has its own color.

滞在について尋ねる

日本にお住まいですか、それともご旅行中ですか?
Are you living here in Japan, or just visiting?
Point 海外から訪れた人に対して、Is this your first time to Japan?「日本は初めてですか?」という質問は相手に距離感を感じさせるため、使わないほうがいいでしょう。

こちらにはどのくらい滞在される予定ですか?
How long will you be staying here?

来週の月曜日までです。
Until next Monday.

それでしたら、今日と明日は一日中どこかへご案内できますよ。
Then I can show you around all day today and tomorrow.
言換え 今度の土曜日：**this Saturday**　翌2日間：**for the next two days**

日本では、あちこち行かれましたか？
Have you visited many places in Japan?
関連 「これまで、どちらに行かれましたか？」Where have you visited so far?

これまでのところ、日本はいかがですか？
How do you like Japan so far?
Point この場合のHow do you like ～？は、「～はいかがですか？／～は気に入りましたか？」と感想を尋ねる表現です。so farは「これまでのところ」という意味。このように期間を区切った形で尋ねると相手も話しやすくなります。

長旅、お疲れ様です！　会えてうれしいです。
You've had a long trip! I'm happy to see you.

足がむくんでしまいました。機内ではあまり眠れませんでした。
My feet are swollen. I couldn't sleep well on the plane.
Point 「むくむ」というときは動詞のswellを使います。

時差ボケはありませんか？
Is jet lag bothering you?

今晩はホテルでゆっくり休んでください。
Please, get some rest at your hotel tonight.

希望を尋ねる

明日のご予定はどうなっていますか？
What is your plan for tomorrow?

どこか行きたいところはありますか？
Is there somewhere you want to go?

滞在中に、あの新しくできたタワーに行きたいのですが。
I want to go to that new tower while I'm here.

もう東京タワーには行かれましたか？
Have you been to Tokyo Tower yet?

はい、もう行きました。 **Yes, I've been there.**	いいえ、まだ行っていないんです。 **No, I haven't been there yet.**

まだでしたら、ご一緒しませんか？
If you haven't, would you like to go with me?

街案内

スクランブル交差点で写真を撮らなくちゃ。
I need to take a picture at the scramble crossing.

あのスポットから撮るといいですよ。
You can take a nice picture from that spot.

ちょっと別行動してもいいですか？
Can we split up for a little while?
Point split upは「（集団が）分かれる」という意味です。

待ち合わせは、15分後にハチ公像のところでいいでしょうか？
How about meeting at Hachiko in 15 minutes?

あっ、時計が日本時間になっていません。
Ah, my watch is not set to Japan time.
Point 日本時間は、Japan Standard Time（略してJST）とも言います。なお、set a(one's) watchで「時計（の時刻）を合わせる」という意味になります。
例「時計の時刻を合わせなくちゃ。」I need to set my watch.

今、日本時間で11時20分ですよ。
In Japan time, it's 11:20 now.

大きな駅には、荷物を入れておくロッカーがたいていありますよ。
There are lockers where you can put your luggage in most large stations.

携帯電話の設定がうまくできません。
I can't set up my phone.

このあたりで、Wi-Fiを使えるところはありますか？
Is there a place where I can use Wi-Fi around here?
関連 「近くにトイレはありますか？」Where can I find the toilet near here?

あそこのお店で使えるようですよ。
You can use it at that shop.

お金

どこで両替できますか？
Where can I exchange money?
関連 「あそこでできますよ。」You can do it there.

これが千円札で、これが五百円玉です。
This is a 1000 yen bill, and this is a 500 yen coin.
Point 「紙幣」はbills、「硬貨」はcoinsを使います。

50円と5円には穴が開いています。
50 and 5 yen coins have holes.

ICカードを使うと、さらに便利ですよ。
It's more convenient to use an IC card.

チャージしておけば、買い物にも使えますよ。
If you have enough money charged on it, you can even use it for shopping.

日本の交通

疲れたので、タクシーに乗りましょう。
I'm tired, so let's take a taxi.

タクシー乗り場で拾えますよ。
You can catch one at the taxi stand.

料金はいくらになりますか？
How much is the fare?

初乗りは500円です。一定の距離ごとに100円ずつ加算されます。
Starting fare is 500 yen. After that, the fare goes up by 100 yen increments.
Point incrementは「一定の値で増加すること」を言います。

（新幹線の）グリーン車って何ですか？
What is the Green Car?

普通車両よりシートが快適で設備が充実している特別車両です。
It's a special car with more comfortable seats and better facilities.
関連 「運賃のほかに、特別料金が別途かかります。」
It costs more than the regular fare.

観光地でおもてなし

観光地で

浅草では、昔ながらの東京を楽しめます。
In Asakusa you can see what Tokyo was like in olden days.
Point　in olden daysで「昔は／過ぎ去った日々は」といった意味になります。

一度行っておきたいですね。雷門の前で写真を撮りたいんです。
I'd like to go there once. I want to take a picture in front of Kaminarimon.

いいですね。ほかにも、いっぱい見所があるから楽しみにしていてくださいね。
Sounds great. There are a lot more things to see too.

おみやげに招き猫はどうですか？
How about a beckoning cat for a souvenir?

この猫には特別な意味があるのですか？
Does this cat have a special meaning?

金運や幸運を招くと言われています。
They say it brings economic luck and good fortune.

「右手は金運を招き、左手は人（客）を招くといわれています。」
The right paw brings money and the left brings customers.

箸もいかがですか？
How about chopsticks as well?

あそこの店では名入れができますよ。
At that shop you can engrave a name on them.
Point　engraveは「（文字やデザインなどを）彫る、彫刻する」という意味です。

目黒川は、東京でも有名な花見のスポットです。
Meguro River is a famous spot for cherry blossom viewing in Tokyo.

これをあなたに見せたかったんです。
I really wanted to show you this.
関連　「ここは私がくつろげる場所です。」This is where I come to relax.

川沿いを散策しましょう。
Let's take a stroll along the river.

Point strollは「そぞろ歩き／散策」。take a strollはtake a walkとほぼ同じ意味で使います。

ライトアップも、夜空に桜の花が映えて見応えがあります。
In the evenings the park is lit up so we can see the cherry blossoms. It's really worth seeing.

Point light upは「点灯する」という意味。ここでは、「ライトアップされた」という受動態で使われているためlightは過去分詞形litになります。建物などがライトアップされたというときはilluminateを使います。
例ライトアップされた通り：illuminated street(s)
また、「イルミネーション」は日本語と同じでillumination、「プロジェクトマッピング」はprojection mappingと言います。

屋台でお酒や簡単な食事が楽しめますよ。
We can get some alcohol and a bite to eat from some food stalls.

立ち寄ってみますか？
Do you want to stop by?

Point どこかに向かう途中でお店などに立ち寄るときはstop byを使います。ちなみに、旅の途中でどこかに短く立ち寄る（短期間逗留する）ときはstop overを使います。

時間があまりない人向けの手短かなルートもありますよ。
There's a short, quick route for people that don't have much time.

観光客があまり行かない穴場の名所をご案内しましょう。
I'll introduce you to a secret spot not many tourists visit.

はとバスツアーは東京駅付近から出発します。
Hato Bus Tours depart from the Tokyo Station area.

関連 「オープンバス（屋根なしバス）からの眺めは最高ですよ！」
The view from the open top bus is beautiful!

さまざまな見どころ

最先端の「かわいい文化」が感じられるところに行きたい！
I want to go somewhere I can see the latest "kawaii culture"!

原宿や渋谷にはトレンディーなお店が集まっています。
There are a bunch of trend setting shops in Harajuku and Shibuya.

脇道にもおしゃれなお店がたくさんありますよ。
There are many fashionable shops on the side streets as well.

夜の繁華街をうろうろしたいな。
▶ **I want to just wander around a busy downtown area at night.**

新宿ゴールデン街というディープなところがありますよ。
There's a lively area called Shinjuku Golden Gai.

どんなお店が入っているんですか？
▶ **What kind of shops does it have?**

こちらの地図を使ってください。
Here's a map you can use.

興味のあるお店はありますか？
Are there any places that interest you?

都内にも趣のある公園がいくつもありますよ。
There are quite a few parks with nice atmospheres in Tokyo.

あなたのおすすめは？
▶ **Which would you recommend?**

新宿御苑かな。ピクニックするのも楽しいですよ。
Maybe Shinjuku Gyoen. It's a nice place to picnic.

あの美術館で展示されている漫画家大好きなんです！
▶ **I love the manga artist that's having an exhibition at the art museum !**

それはよかった！　あの人は海外でも有名ですよね。
Brilliant! That person is famous abroad too.

飲食店でおもてなし

店に入る

天井が低いので、気をつけてくださいね。
The ceiling is low, so watch your head.

靴は靴箱に入れてください。
Please put your shoes in the shoe lockers.
関連 「トイレに行くときはそのサンダルを使ってください。」
When you are going to the restroom, you can use these sandals.

カウンター席と小上がりがありますが、どちらがいいですか？
Would you like a counter seat or raised tatami flooring?

フォークのほうがいいですか？
Would you prefer a fork?

▶ お箸の持ち方はこれで合っていますか？
Am I holding these chopsticks right?

▶ 英語のメニューはありませんか？
Do you have an English menu?
関連 「ベジタリアンが食べられる料理を教えてください。」
Please tell me which dishes are vegetarian.

簡単なものでよろしければ、こちらをどうぞ。
If just a simple one is OK, here you go.

▶ チップは払わなくていいのですか？
Is it OK not to leave a tip?

必要ないですよ。サービス料は含まれています。
You don't need to. The service charge is included in the price.

▶ 英語が話せるスタッフはいますか？
Are there any staff who speak English?

少ししか話せませんが、私が対応します。
I only speak a little, but I'll try to help you.

少々お待ちください。〈客から声を掛けられたとき〉
Just a moment, please.

ご注文はお決まりですか？

What would you like to have?

関連 「お冷をお持ちしました。」Here is your water.

もう少し考えさせてください。

Please give me some more time to think.

関連 「どうぞごゆっくり。」Please take your time.

お任せでお願いします。

I'll leave it up to you.

Point 相手に判断を任せたり、面倒を見てもらうことに決めたと伝えるときによく使う表現です。leave it up to ～ で「～に任せる／ゆだねる」という意味です。

関連 「ご予算はいくらくらいでしょう?」What is your budget?

おしぼりは何本いりますか？

How many hand towels do you need?

関連 「余分にいただけるとありがたいです。」I would like a few extra, please.

日本では、食事の前に「いただきます」、食べ終わったら「ごちそうさま」と言います。

In Japan we say "Itadaki-masu" before starting a meal, and "Gochiso-sama" after eating.

会計

お会計はレジでお願いします。

Please pay at the register.

関連 「お会計はテーブル席でお願いします。」Please pay at the table.

お会計は4,800円です。

Your total is 4,800 yen.

お支払いは現金になさいますか？　カードになさいますか？

Would you like to pay with cash or a credit card?

このカードは使えますか？

Do you take this card?

関連 「こちらにサインしてください。」Sign here, please.

本日はありがとうございました。またのお越しを！

Thank you. Come again!

関連 「とても楽しかったです。」That was really fun.

和食のお店

和食店

醤油はこちらです。
Here's the soy sauce.
関連 「ソースもいただけますか?」Can I have some sauce too, please?

食材の新鮮さが味の決め手です。
The flavor depends on the freshness of the ingredients.

和食はヘルシーなので、ダイエットにもいいですよ。
Japanese food is healthy, and it can help you to lose weight.
関連 「滞在中に痩せられるといいのですが。」
I hope to lose some weight while I'm staying here.

だしは、多くの日本料理に使われるスープストックのことです。
Dashi is a soup stock used in numerous Japanese cuisines.

和食は、同時にたくさんの料理が出てきますね。
With Japanese cuisine, many dishes are brought to the table at once.

和食の基本は「一汁三菜」です。
Ichiju-sansai is the basic style of Japanese cuisine.
関連 「これは、ごはんに汁物１品と料理３品がつくという意味です。」
It means rice with soup and three side dishes.

居酒屋

飲み物には、有料のお通しがついてきます。
Your first drink comes with an appetizer you have to pay for.
関連 「はい、お通しです！」Here's your appetizer!

焼酎はボトルでも注文できますよ。
You can order shochu by the bottle.

塩味と甘い醤油だれのどちらにしますか？〈焼き鳥〉
Would you like salt or sweet soy sauce flavor?
関連 「まずは盛り合わせを頼みましょう。」Let's order an assorted platter for now.

お好み焼きのような味つけが好きです。
I like flavors like okonomiyaki.

では、焼きそばを注文してみましょうか？
So, would you like to order yakisoba then?

今日は、本当にお疲れ様！　乾杯！
Good work today! Cheers!

ビールをお代わりする人？　手を挙げて。
Who needs another beer? Raise your hand.

関連 「注文したかったらそのボタンを押してください。」
If you want to order, please press that button.

これはどうやって食べるのですか？
How do you eat this?

そこの容器のソースにつけてください。
Dip it in that jar of sauce.

ほかのお客さんと共用なので、二度づけはしないでね。
We're all sharing this, so no double dipping, please.

串からそのまま食べるんですよ。
Just eat it off the stick.

料理の説明

しゃぶしゃぶは薄くスライスした肉を、沸騰しただし汁にくぐらせます。
Shabu-shabu is thinly sliced meat dipped in boiling soup to cook it.

Point dipは「（サッと）浸ける／ひたす」という意味です。

次に、肉にごまだれやポン酢をつけて食べます。
Then, you dip the meat in sesame or ponzu sauce before you eat it.

Point ここでは、ごまだれとポン酢を併記しているので、sesame or ponzu sauceとしていますが、「ごまだれ」と単体で言うなら、sesame sauceでOKです。

天ぷらは魚や野菜に衣をつけて揚げたものです。
Tempura is battered, deep fried fish and vegetables.

関連 「私の国でも天ぷらは人気です！」
Tempura is really popular in my country too!

この店では、ネタを１つずつ注文して揚げてもらいます。
At this place you order one by one and they deep-fry it for you.

Point fryは「油でいためる、揚げる」という意味です。油にひたすように揚げるという日本語の「フライ」はdeep fryと言います。

つゆと塩、どちらをつけて食べるのですか？
Do you eat it with sauce or salt?

お好きなほうをつけて食べてください。
Put whichever you want on it.

みそ味のラーメンが一般的なのですか？
Is miso a common flavor for ramen?

関連 「どちらかというと、醤油ラーメンが一般的です。」
The most common is probably soy sauce flavor.

WORDS ❖ 和食·居酒屋メニュー

食事メニュー：food menu

ごはん	rice	おにぎり	rice ball
焼きおにぎり	grilled rice balls	赤飯	red rice
味噌汁	miso soup	チャーハン	fried rice
焼き魚	broiled fish	魚の煮つけ	simmered fish
枝豆	edamame	肉じゃが	meat and potatoes
鶏の唐揚げ	fried chicken	おでん	oden
鰹のたたき	skipjack tataki	茶碗蒸し	savory egg custard
冷やしトマト	chilled tomato	いか一夜干し	overnight dried squid
焼き鳥	yakitori	豚もつ	pork offal
かつ丼	rice bowl with pork cutlet		
海老天丼	rice bowl with prawn tempura		
ちゃんこ鍋	hot pot for sumo wrestlers		
お茶漬け	rice with tea poured over it		

ドリンク類：drinks / beverages

日本酒	sake	サワー	sour
熱燗	hot sake	焼酎	shochu
生ビール	draft beer	水割り	with water

お好み焼きは、風味のあるパンケーキのようなものです。
Okonomiyaki is like a savory pancake.

Point “Okonomi” means what you want and “yaki” means grill.
「okonomiは“好きなもの”という意味、“yaki”は焼くことです」と説明してもいいでしょう。

関連 「その中に好きな具を入れられます。」
You can put whatever you want in it!

▶ どんな具でも入れられるのですか？
Can you really put anything in it?

たこ焼きやお好み焼きは、“粉もん”と呼ばれる大阪の料理です。
Takoyaki and okonomiyaki are flour based foods from Osaka called “konamon”.

すき焼きは、鉄鍋で牛肉や野菜を調理します。
Sukiyaki is beef and vegetables cooked in an iron pot.

関連 「焼いた肉や野菜に溶き卵をつけて食べます。」
You dip the cooked meat and vegetables in raw egg.
「うどんは最後に入れます。」You put udon noodles in at the end.

日本人は冬に、さまざまな鍋料理を楽しみます。
In winter, Japanese people enjoy a variety of warm “hot pot” meals.

▶ お刺身についている花は食べられますか？
Can you eat the flower that comes with sashimi?

菊の花は食べられますが、よけてもいいです。
You can eat the chrysanthemum or you can just leave it.

言換え シソの葉：**shiso**　紅たで：**water pepper**
刺身のつま（細切り大根）：**shredded daikon**

それぞれの地域に根づいたご当地グルメがあります。
Each area has its own local gourmet dishes.

関連 「それらは、町おこしにもひと役買っています。」
These bring tourists and revitalize the areas.

▶ 日本酒と焼酎はどう違うのですか？
What’s the difference between sake and shochu?

関連 「日本酒は醸造酒で、焼酎は蒸留酒です。」
Sake is brewed and shochu is distilled.

寿司

どのように注文したらいいですか？
Could you tell me how to order?

板前さんに直接注文してください。
You can tell your order directly to the chef.
関連 「このリストにチェックを入れてください。」
Check what you would like on this list.

海外の人たちは、サーモンが好きだよ。1つ握ろうか？
People from overseas usually like salmon. Should I make one for you?

ぜひ、試してみたいです。
Yes, I'd love to try some.

何を頼んだらいいかわからないんですが。
I don't know what I should order.

お寿司の盛り合わせはどうですか？
Would you like an assortment of sushi?

「巻き」はクレープのように海苔で巻いた寿司です。
"Maki" is sushi wrapped in nori like a crepe.

わさびは食べられますか？
Are you OK with wasabi, Japanese horseradish?
言換え 貝：**shellfish**　イカ：**squid**　タコ：**octopus**

WORDS ❖ 寿司ネタ・寿司メニュー

マグロ赤身	lean tuna	大トロ	fatty tuna
中とろ	medium fatty tuna	甘エビ	northern shrimp
シャコ	mantis shrimp	アナゴ	conger eel
ウナギ	freshwater eel	ブリ、ハマチ	yellowtail
カンパチ	great amberjack	タイ	sea bream
イクラ	salmon roe	カズノコ	herring roe
ウニ	sea urchin	海苔巻き・巻き寿司	sushi roll
ちらし寿司	sushi served in a bowl	軍艦巻き	battleship roll

辛いものは苦手です。
I'm not good with spicy food.
 「わさびは抜いてもらいましょう。」
Let's ask them to make it without wasabi.

具に味がついているので、そのまま食べてください。
This item is already seasoned, so please enjoy it just as it is.
関連 「醤油はネタ（魚）のほうにつけてください。」
Dip the fish part in the soy sauce.

そのままひと口で食べてください。
Please try to eat each piece in one bite.
関連 「お寿司は手で食べてもいいんですよ。」
You can eat sushi with your hands.

そば・うどん

そばとうどんはどう違うのですか？
What's the difference between soba and udon?

そばはソバの実から、うどんは小麦から作った麺です。
Soba noodles are made from buckwheat and udon noodles are made from wheat.

冷たいメニューと温かいメニューとでは、どちらがいいですか？
Do you want the noodles hot or cold?
関連 「つゆは醤油ベースが基本です。」
The soup is usually soy sauce based.

冷たいそばは、そばつゆにつけて食べます。
Before eating it, dip the cold soba in the sauce.

わさびはつゆの中で溶かしてくださいね。
Mix the wasabi into the sauce.

つゆがはねないように気をつけてくださいね！
Be careful not to splash the soup everywhere!

日本人は音を立てて食べるのですね。
Japanese people like to slurp when they eat.

それが粋なんですよ！
That's the cool way to do it!

ショッピングで

コンビニ・スーパー

こちらを電子レンジで温めますか？
Do you want to microwave this?

酒類の購入には、20歳以上であるという証明が必要です。
You need proof that you're over 20 to buy alcohol.
関連 「(私は) 20歳以上です。」 I'm over 20.

画面をタッチしていただけますか？
Can you touch the screen, please?

デザート売り場はどこですか？
Where is the dessert section?

奥の通路の近くです。
It's near the back aisle.

駄菓子は、おみやげにもいいですよ。
Cheap snacks for kids make good souvenirs.

レジ袋は有料です。ご入用ですか？
Plastic bags are extra. Would you like one?

100円ショップ

100円ショップでは細々とした日用雑貨が主に売られています。
100 yen shops mainly sell knickknacks and miscellaneous daily goods.

この商品は、3つで100円です。
These are all three for 100 yen.
関連 「あと2つ選びます。」 I'll get two more.

ほとんど何でも100円ショップで買えますよ。
You can find almost anything at a 100 yen shop.

こちらに並んでください。〈列を示して〉
Please make a line over here.

家電量販店

家電を買うならここがいちばん安いです。
If you want to buy home electronic appliances, this is the cheapest place.

▶ この商品は海外でも使えますか？
Can you use this overseas?

変圧器があれば問題ありません。
It should be no problem as long as you have a transformer.

XYZの商品は信頼できますよ。
The XYZ products are reliable.

▶ 自国で修理してもらう場合はどうしたらいいですか？
What should I do if I need to have this fixed back home?

詳細は保証書に記してあるのでご覧ください。
Those kinds of details are written on the warranty. Please take a look at it.

みやげ物店

▶ 食品サンプルを買いたいのですが。
I'd like to buy a food model.

それなら、合羽橋に行きましょう。
Then let's go to Kappabashi.

え？　このキャラは海外でも有名なんですね？
What? This character is popular overseas too?

▶ はい。ただ、こんなに種類はないです。
Yes, but we don't have this many versions.

▶ 日本でしか手に入らないものが買いたい！
I want to buy something I can only get in Japan!
関連 「もっとマニア向けの店に行きたいです。」
I want to go to a store for more hardcore fans.

かわいいおみやげがあるところを知っていますよ。
I know a place you can find some really cute souvenirs.
言換え きれいな：**beautiful**　上品な：**elegant**　良い品物の：**well-crafted**

日本の宗教・歴史

神社・仏閣

神道は一種の自然崇拝です。
Shinto is a kind of nature worship.

日本人はどの宗教を信じているのですか？
What religion do most Japanese people practice?

宗教を意識していない人たちも多いのですが、日常生活の中に溶け込んでいる部分も多いです。
Many people don't practice religion, but there are a lot of customs in our daily lives that have religious roots.

日本人は、古くから八百万の神を信仰してきました。
Since ancient times Japanese people have been polytheistic.

関連 「トイレの神様もいるんですよ。」There's even a "toilet god".

日本人は頻繁にお寺や神社に行くのですか？
Do Japanese people often go to temples and shrines?

人によります。
It depends on the person.

関連 「多くの日本人は、お正月に初詣に行きます。」
Many Japanese people visit shrines on New Year holidays to pray for happiness and prosperity.

参拝する

お寺や神社にお参りをしますか？
Would you like to visit a temple or shrine?

Point 寺社へのvisitには、単に「観光で訪れる」という意味のほかに「参詣する、参拝する」という意味も含まれます。

関連 「お寺でお参り（参拝）をしなくてもかまいませんよ。」
You don't have to worship at the temple.

頭に煙をかけると、頭が良くなるそうですよ。
It's said that if you waft the smoke around your head, you'll get smarter.

これはお守りです。
This is a charm for good luck.

お守りには、交通安全、家内安全、合格祈願などいろいろな種類があります。
There are different charms to protect driving, family, and help with passing tests.

おみくじを引きませんか？
Would you like to draw a written fortune?

Point おみくじの吉凶は、次のように言い換えてもいいですね。

例 大吉：Great blessing　中吉：Middle blessing
小吉：Small blessing　吉　：Blessing
凶　：Curse　大凶：Great curse

大吉はたいへん好運な年になるという意味です！
Daikichi means you'll have a very lucky year!

ずい分古い建物ですね。
That's a pretty old building.

この寺は800年前に建立されました。
This temple was built 800 years ago.

類似 「この寺には800年の歴史があります。」This temple is 800 years old.
「この寺は800年前に開かれました。」
This temple opened 800 years ago.

この神社には健康の神が祀られています。
At this shrine the god of health is enshrined.

Point 小文字で始まるgodは主にキリスト教以外の「神」に使われます。また「神像」のことも指します。「～の神」と説明したいときはgod of～と言います。

例 god of family health：家内安全の神
god of wealth：富（金運）の神
god of passing tests：合格祈願の神

最近、女性たちの間で寺社巡りが人気です。
Recently, a lot of women have taken an interest in visiting temples and shrines.

このきれいなノートは、御朱印帳です。これにお寺や神社で朱印を押してもらいます。
This pretty notebook is a Goshuincho. You get stamps from temples and shrines in it.

日本の歴史

侍の腹切りが有名ですよね！
Everyone knows that samurai sometimes committed harakiri!

切腹ですね。昔は武士の名誉ある死に方だったんですよ。
It was also called seppuku. It was considered to be an honorable way to die for Japanese soldiers.

日本の鎖国はどのくらい続いたのですか？
How long did Japan's isolation last?

200年余り続きました。
For over 200 years.

忍者は、大名や領主のためにスパイ活動をしていた人たちのことです。
Ninja were people who spied for their feudal lords.

忍者の格好をして写真を撮りたいです！
I want to get my picture taken dressed up like a ninja!

じゃあ、あとで忍者の格好の写真を撮りに行きましょう。
OK, let's go get our pictures taken as ninjas later.

資料館も見たいな。
I want to go check the resource center too.

姫路城は、1993年に日本で初めて世界遺産に登録されました。
In 1993, Himeji Castle was the first place in Japan to be designated as a World Heritage site.

天守閣は城の中心の塔で、権力の象徴でもあります。
The castle keep is the tower in the middle of the castle, which is also a symbol of power.

名古屋城は金のしゃちほこで有名です。
Nagoya Castle is famous for the gold Shachihoko on the roof.

関連 「しゃちほこは、伝説上の怪魚の形をした飾りのことです。」
Shachihoko are decorations shaped like mythical fish.

日本の社会・文化

日本の地理

日本は、北海道、本州、四国、九州の４つの大きな島とたくさんの島嶼から成り立っています。
Japan is made up of the four big islands of Hokkaido, Honshu, Shikoku, and Kyushu, along with many smaller ones.

関連 「日本の北端に位置するのが北海道です。」
The most northern part of Japan is Hokkaido.

日本には47の都道府県があります。
There're 47 prefectures in Japan.

日本の総人口は約１億２千万人です。
The population of Japan is about 120 million.

関連 「人口の約10%が首都圏に居住しています。」
About 10% of the people live in the Tokyo area.

日本の社会

現在の日本の内閣総理大臣は〇〇氏です。
Mr. 〇〇 is the prime minister of Japan now.

日本では18歳から選挙で投票できます。
In Japan you can vote from age 18.

日本は世界の最長寿国のひとつです。
Japan is one of the world's top countries for longevity.

日本では少子高齢化が進んでいます。
Japan has a declining birth rate and a growing proportion of elderly people.

新聞が読みたいです。
I want to read a newspaper.

ジャパンタイムズという英字新聞がありますよ。
There's an English newspaper called the Japan Times.

日本では、お財布を落としても、ほとんど必ず戻ってくるのですよ。
In Japan, if you lose your wallet, it will be returned to you almost every time.
関連 「誰かが見つけて、交番に届けてくれることが多いのです。」
Whoever finds one usually brings it to the police box.

日本の伝統文化

折り紙は、花や鳥などいろいろなものを紙で作るアートです。
Origami is the art of folding paper into objects like flowers, birds and other various things.

どんな紙で折るのがいいですか？
▸ **What kind of paper do you use for origami?**
関連 「折り紙セットが売ってますよ。」They sell origami sets.

これは折り紙で作った鶴です。あなたにプレゼントします。
It's a crane made out of origami. This is a present for you.
言換え 風船：**balloon**　船：**ship / boat**　飛行機：**plane**

茶の湯では、伝統的な様式にのっとって客人に抹茶がふるまわれます。
For a tea ceremony, matcha is served to guests in a traditional, formal way.
関連 「いすに座ったままで体験するツアーもありますよ。」
There are some tours where you can try it while sitting in chairs.

器はこのように持つのでしょうか？
▸ **Do I hold the bowl like this?**

いえ、正しくはこういう持ち方です。〈実際にやって見せながら〉
No, the correct way is like this.

日本語には、漢字、ひらがな、カタカナの３種類の文字があります。
Japanese uses three different types of characters: kanji, hiragana, and katakana.
関連 「文章の中で、３種類の文字を混ぜて使います。」
People use all three types of characters together when writing.

ひらがなとカタカナは、漢字を元に作られて発達しました。
Hiragana and katakana were based on and developed from kanji.

『源氏物語』は11世紀に書かれました。
"The Tale of Genji" was written in the eleventh century.

関連 「これは世界で最も古い小説のひとつだと考えられています。」
It's considered to be one of the oldest novels in the world.

『鳥獣人物戯画』は最初の漫画とも言われています。
Some people say "Chōjū-jinbutsu-giga" is the first manga.

Point drawは、「(図や線を)引く、描く」という意味です。日本語ではすべて「描く」という同じ表現になりますが、英語では、paint「塗る、(絵の具で絵を)描く」、sketch「写生する、略図を描く」と単語を使い分けます。

この巻物には、踊っている動物や人物像が描かれています。
It's a scroll with dancing animals and humans drawn on it.

アニメ・漫画

日本の漫画は、子どもたちだけのものではないんですよ。
Manga in Japan isn't just for children.

▶ 私の国でも、世代を超えて楽しまれています。
It's enjoyed by people of all ages in my country too.

▶ 漫画喫茶を知っていますか?
Do you know what a manga cafe is?

漫画喫茶では個室で漫画を読んだりネットサーフィンができます。
A manga cafe has private booths where you can read manga and surf the Internet.

関連 「ホテルよりも安上がりで、シャワーがある店もあります。」
It's cheaper than a hotel and some even have showers.

▶ これ、『ドラゴンボール』ですね?
This is "Dragon Ball", right?

そう、私は『ドラゴンボール』を観て育ったんです。
Yes, it is. I grew up watching "Dragon Ball".

Point I grew up -ingは「〜して育った」という意味です。この例文では、子どもの頃に『ドラゴンボール』をテレビでたくさん観て過ごしたという意味合いになります。

新海誠監督の『君の名は。』は大ヒットしましたね。
The movie "Your name.", directed by Shinkai Makoto, was a big hit.

カラオケ

私の十八番を歌いたいです。
I want to sing my jam.

Point　my jamは「自分が大好きな曲」という意味のスラングです。favorite songと言い換えてもよいでしょう。

ぜひ、聴きたいです！
Yes, I want to hear it!

この機械はどう操作するのでしょう？
How do I use this machine?

私がやってみますね。
I'll show you how.

コスプレをして、カラオケを歌うと盛り上がりますよ。
It's extra fun to sing karaoke in cosplay.

日本のテレビ

日本の地上波テレビはいくつチャンネルがあるんですか？
How many terrestrial channels does Japanese TV have?

地域によりますが、10局ほどしかありません。
Depends on your area, but maybe only around ten.

1チャンネルで公共放送のNHKがご覧になれますよ。
You can watch the public service channel, NHK, on channel one.

関連　「朝ドラもやっています。」They do dramas in the morning too.

Point　「国営放送」はstate sponsored broadcastと言います。

日本のアナウンサーは、あまり笑わないですね。
Japanese announcers don't laugh that much.

日本には驚くほどグルメ番組が多いね。
Japan has a surprising amount of gourmet shows.

料理の魅力をどう伝えるかがこの番組の面白さなんです。
What's interesting in this show is how they convey the appeal of the dish.

日本の日常

日本人の性格

日本人には、とてもシャイなところがあります。
Japanese people tend to be shy.

Point tend to be ～で「～の傾向がある」という意味です。shyは「内気な性格、経験がないことから人の前に出たがらない様子」のこと。気持ちを表に出さない様子を示す言葉として、能力や成功を見せびらかさない態度を表すmodest、自分の意見や感情を表に出さず控えめなreservedもあります。

日本人は、和を重んじて争いを避ける傾向があります。
Japanese people tend to try to avoid trouble by focusing on the feelings of the group.

▸ 私の国では、自分の意見を思いっきり主張しますよ！
In my country, people are usually very vocal about their opinions.

何でも遠慮なく言ってくださいね。
Feel free to express yourself however you feel comfortable.

Point express oneselfは「自分の考えや意見を表す／述べる／話す」という意味です。ここでのhoweverは「どんなふうにでも（言っていいですよ）」と、相手の気持ちを尊重していることを示します。

日本人は約束時間を守ることを大切にします。
Being punctual is very important to Japanese people.

日本の習慣

▸ お辞儀はこういう感じにするのですか？
Is this the proper way to bow?

はい。握手やハグの代わりに、相手に対しての敬意を示すためです。
Yes. Instead of handshaking or hugging, this is the way to show respect to others.

日本では、贈り物をするときの作法はとても大切です。
When shopping and giving gifts, presentation is very important in Japan.

(日本人は) 包装にたいへん気を使います。
A lot of care goes into wrapping and packaging.
Point アメリカのお店ではラッピングをほとんどしません。ラッピングが必要なら自分でします。日本のデパートなどで、包装に手間と時間をかけることに驚く海外観光客もいます。

日本人はお風呂好きです。
Japanese people like baths so much.

疲れると、「温泉に行きたい」とよく言います。
When they're tired, they often say, "I want to go to a hot spring".

家にお風呂があるのにわざわざスーパー銭湯に行くのですか？
Do you still go to public baths even though you have a bath at home?

温泉や銭湯も、人気のレジャーなんです。
It's popular for people to go out to a hot spring or a public bath just for fun.

私の国の人は、日本人がまだ着物を着ていると思っています。
A lot of people from my country think Japanese people still wear kimono.

着物を着る人は少なくなっていますね。
Not many Japanese people today wear kimono.

着物と浴衣はどう違うのですか？
What is the difference between a kimono and a yukata?

浴衣は、略装の着物でよく夏に着ます。
A yukata is an informal kimono often worn in summer.
関連 「浴衣は、若い人たちに人気があります。」
Yukata are popular with younger people.

新型コロナの流行以前から、病気予防以外の理由でもマスクをしている日本人は多くいました。
Even before COVID-19 many Japanese people wore surgical masks for many reasons besides not getting sick.
Point COVID-19とはcoronavirus disease 2019 (2019年に発生した新型コロナウイルス感染症) の略です。

日本のお店について

たいていの店では、店内を清潔に保つようにとても気を配っています。
Most shopkeepers put a lot of effort into keeping the shop spic and span.

日本は自動販売機が普及している国です。
Japan is a country where vending machines are popular.

最近は自動販売機でお花なども売っているんですよ。
Recently, vending machines sell things like flowers too.

『蛍の光』が流れていますね。もうすぐ閉店時間です。
They're playing Auld Lang Syne. This shop must be closing.

Point 『蛍の光』の原曲は、スコットランド民謡の*Auld Lang Syne*。本国では、年始や結婚披露宴、誕生日などで歌われます。原曲の歌詞は、再会した旧友とお酒を酌み交わしつつ昔話をするというもの。

日本の住まい

靴はここで脱いでくださいね。
Please take your shoes off here.

関連 「スリッパに履き替えてくださいね。」Please put on these slippers.

皆さん、きれいに靴を揃えていますね！
Everyone placed their shoes very neatly!

関連 「靴を揃えるのも、マナーなんですよ。」
It's considered good manners to place them neatly.

座布団へどうぞお座りください。
Please have a seat on this cushion.

正座したほうがいいですか？
Should I sit on my knees?

無理にすることはないですよ。
You don't have to overdo it.

床に敷かれている四角いマットは畳と言います。
The square mats on the floor are called "tatami".

（ドアを開けようとして）押しているのは引き戸ですよ。
You're pushing on a sliding door.

日本の風物詩

日本の風物詩・風景

日本には、楽しい祭りや行事がたくさんあります。
Japan has many fun festivals and activities.

３月３日の「ひな祭り」は女の子の健やかな成長を願うお祭りです。
March 3rd is the Doll Festival, when we pray that little girls grow up healthy.

５月５日の「こどもの日」は、子どもの幸せを願う日です。
May 5th is Children's Day, which is the day we pray for children's happiness.

日本では、新学期は春からスタートします。
The new school year starts in spring in Japan.

Point アメリカをはじめとする多くの国々では、新学期は秋から始まります。

WORDS ❖ 日本の祝祭日と季節の行事

◇祝祭日　◆行事

元日（1/1）	◇	New Year's Day
成人の日（1月の第2月曜日）	◇	Coming of Age Day
節分（2/3頃）	◆	Setsubun
建国記念の日（2/11）	◇	National Foundation Day
天皇誕生日（2/23）	◇	Emperor's Birthday
ひな祭り（3/3）	◆	Hinamatsuri / Doll Festival
春分の日（3/20頃）	◇	Vernal Equinox Day
昭和の日（4/29）	◇	Showa Day
憲法記念日（5/3）	◇	Constitution Memorial Day
みどりの日（5/4）	◇	Greenery Day
こどもの日（5/5）	◇	Children's Day
七夕（7/7）	◆	Tanabata / Star Festival
海の日（7月の第3月曜日）	◇	Marine Day
山の日（8/11）	◇	Mountain Day
お盆（8/13〜15 頃）	◆	Bon (Obon)
敬老の日（9月の第3月曜日）	◇	Respect for the Aged Day
秋分の日（9/22 頃）	◇	Autumnal Equinox Day
体育の日（10月の第2月曜日）	◇	Health and Sports Day / Health-Sports Day
文化の日（11/3）	◇	Culture Day
七五三（11/15）	◆	Shichi-Go-San / Seven-Five-Three Festival
勤労感謝の日（11/23）	◇	Labor Thanksgiving Day
クリスマス（12/25）	◆	Christmas
大晦日（12/31）	◆	New Year's Eve

私たちは桜の花見の季節を楽しみにしているんですよ。
We look forward to the season when we can see cherry blossoms.

▸ 桜の下で宴会をする人たちが多いですよね。
A lot of people have parties under the cherry blossoms.

春に桜の花を見ていると、本当に元気が出ます。
Looking at the cherry blossoms really cheers me up in springtime.

お盆は、先祖を祀る行事です。
Obon is an event to honor our ancestors.

関連 「東京では7月に行われることが多いですね。」Tokyo does it in July.

▸ 具体的には何をするのですか？
What exactly do you do?

帰省して彼らの祖先の供養をします。
People go home to pray to their ancestors.

関連 「お正月もそうですが、家族や親せきが集まる大切な機会です。」
Just like New Year, it's an important time when family gathers together.

東京周辺ではそんなにたくさん雪は降りません。
We don't have much snow around Tokyo.

日本の家庭では、冬に「こたつ」という暖房用テーブルを使うこともあります。
Some homes in Japan use a heated table called a "kotatsu" in the winter.

お祭り

夏には、多くの人たちが浴衣を着てお祭りに出かけます。
In the summer, many people go to festivals in yukata.

Point in yukataのinは、「身に着けて／着用して」という意味で使われています。
例 the men in black「黒（服）を着た男たち」

花園神社の夏祭りに行きませんか？
Would you like to go to the summer festival at Hanazono Shrine?

いいですね！　屋台で食べてみたいものがたくさんあります。
I'd love to! There are so many food stalls I'd like to try.

今すぐ食べますか？　容器に入れましょうか？
Are you eating it right away? Would you like to put it in a container?

容器に入れてください。ビニール袋ももらえますか？
Put it in a container, please. Can I have a plastic bag as well?

夏には毎週のように、お祭りが開催されますよ。
There are festivals almost every week in summer.

Point 「花火大会」はfireworks festivalsと言います。アメリカでは花火大会の開催が制限されています。

屋台には食べ物屋以外に、子どもでも楽しめるものがたくさんあります。
Street stalls have things besides food that even children can enjoy.

混雑しているから、手回り品に注意してくださいね。
Please pay attention to your belongings in a crowd.

これやっていかない？　おまけしてあげるよ！
Do you want to try this? I'll give you a discount!

うーん、考えさせてください。
Hmmm, let me think.

1回いくらですか？
How much is it for one time?

いらっしゃい！　金魚すくいをやってみる？
Welcome! Would you like to scoop some goldfish?

すくうのにはコツが要るけど、楽しいよ。
You need to get the hang of it, but it's fun.

関連 「すくった金魚は持ち帰れるよ。」
You can take home the goldfish you catch.

WORDS ❖ 縁日の遊び

輪投げ	ring toss	くじ引き	lottery
金魚すくい	goldfish scooping	型抜き	die cutting
ヨーヨーすくい	water balloon fishing	射的	shooting game

スポーツ

冬には、北日本でスキーを楽しめます。
In winter, you can enjoy skiing in Northern Japan.

相撲も迫力があって面白いですよ。
Sumo is also interestingly dynamic.
関連 「相撲は日本の国技です。」Sumo is the national sport of Japan.

日本では、野球やサッカーといったスポーツが最も人気です。
Baseball and soccer are the most popular sports in Japan.

▶ 私はサッカーにしか興味がないです。
I'm only interested in soccer.

▶ 今夜スポーツバーで観戦したいな。
I want to watch tonight's game at a sports bar.

▶ この試合のチケットを買いたいのですが。
I'd like to buy tickets for the game.

それなら、ネットで簡単に買えますよ。
In that case, you can easily get them online.
関連 「競技場に行って買うのが手っ取り早いですね。」
The quickest way is to buy them at the stadium.

オリンピックの開会式は、華やかで気持ちが盛り上がりますね。
The opening ceremony for the Olympic Games is spectacular and exciting.

▶ 明日は何の競技がありますか？
Which events are happening tomorrow?

陸上競技がいよいよ始まりますよ。
The track and field events are finally about to start.

スポーツクライミングが新規オリンピック競技に選ばれたんです。
Sport climbing is going to be added as an Olympic event.
Point オリンピックで行われる競技をOlympic eventと呼びます。

第12章

社会生活の中で

ご近所づきあい
会社
お金
社会の動き
子育て・介護
お見舞い
役所
銀行
郵便局・宅配便

ご近所づきあい

引っ越し

こんにちは、今度隣に引っ越してきました。
Hello, I'm your new neighbor.
類似 「ちょうどこちらに引っ越してきたところです。」I just moved here.

引っ越し業者に全部お任せでした。
I hired movers to do all the work.

ご近所なのでよろしくお願いします。〈新しく引っ越してきた人に対して〉
Welcome to the neighborhood.
Point neighborは「隣人」という意味のほか、自分の家の近所に住む人のことも指します。隣の家、部屋に住む人はnext door neighbor、自分の部屋の真上に住んでいる人はupstairs neighbor、下の階で自分の部屋の真下の住人はdownstairs neighborとも言います。

このあたりは本当に静かですね。
This is a really quiet neighborhood.

片づけが終わるまでしばらく時間がかかりそうです。
It's going to take a while for us to get settled in.
Point settled inは片づけが終わること。箱からすべてのものをとりあえず出した状態のことは、unpackedと言います。

ここの家賃は高いので、ルームメイトを探しています。
This place is expensive, so I'm looking for a roommate.

ご近所とのおしゃべり

田舎から、これがたくさん送られてきたんです。
I got a bunch of these from my hometown.

少しいかがですか？
Would you like some?

いいお天気になりましたね。あら、お庭のお手入れですか？
It's a nice day out. Oh, are you taking care of your garden?

配達員がお宅の郵便物をうちに配達したみたいです。
I think the mail person gave me your mail.

もう夜遅いです。ステレオの音を小さくしてください。
It's a little late. Turn down your stereo, please.

これは、マンションの改修工事のお知らせです。お目通しくださいね。
This is some information about the apartment building being renovated. Please take a look.

Point 「～を改修する」というときはrenovateを使います。take a lookは「見てみる、一覧する」というニュアンスがあります。

わからないことがあったら、いつでも声を掛けてくださいね。
If you have any questions, just let me know.

Point ここでのjustは「とにかく」という意味です。let me knowと合わせて、「とにかく知らせて」→「遠慮なく言って」というときに使います。

向かいの家に、若いカップルが住み始めましたね。
A young couple just moved in across from here.

燃えるゴミの日は火曜日です。
Burnable trash goes out on Tuesdays.

家庭からのゴミは、決められた場所に捨ててくださいね。
Please throw out household trash in the designated area.

関連 「もうすぐ分別ゴミのルールが変更されます。注意が必要です。」
The rules for separating garbage will change soon. Please be careful.

地域イベント

町のフリーマーケットを開催します。
We're having a community flea market.

飛び入り参加もできますよ。
Vendors can join at any time.

来月、近くの公園で夏祭りを開くことになりました。
Next month there will be a summer festival at the park near here.

言換え 交流会：**networking event**

来月のブロックパーティーで、一緒にバザーをやりませんか？
Do you want to have a garage sale with me at the block party next month?

こちらがイベント会場のマップです。
Here is an event site map.

関連 「自分の出したゴミは必ず持ち帰ってください。」
Please take your trash with you.

親同士の会話

今度子どもたちと一緒に遊びに行かない？
Do you want to set-up a play date for the kids soon?

Point play dateは、子どもたちが学校以外の場所で遊ぶ約束をしたり、約束して遊ぶことを言います。

関連 「次の土曜日、子どもたちを連れて公園に行かない？」
Do you want to take the kids to the park next Saturday?

今晩、アリサをうちでお泊りさせてもいい？
Is it OK if Arisa comes for a sleepover tonight?

Point sleepoverは、主に子どもの「お泊り会」のことを指します。

水泳教室のお迎え、代わりに行ってあげるよ。
I can pick up the kids from their swimming lessons for you.

関連 「無理のない範囲でいいですよ。」You don't have to go out of your way.

共働きはたいへんですよね。
It's difficult when both parents are working.

うちの夫は育メンではないわ。
My husband doesn't help with child-rearing.

ブロックパーティー

アメリカでは、ご近所やコミュニティーの人たちが集まりいろいろな企画を立てて楽しむ**block party「ブロックパーティー」**というイベントがあります。街の区画（**block**）を通行する車両を遮断（**block**）して行われることが名前の由来です。たいてい暖かい季節に戸外で行われ、生演奏のバンドやDJの音楽が流れる中、バウンスハウス（子どもが中でピョンピョン飛び跳ねて遊ぶ家の形をした遊具）、プラスチックスライド（プラスチック製の組み立て式ジャングルジムや滑り台）、ポニーの乗馬会といった子ども向けの小さなアトラクションもよく見かけられます。会場の人たちには、食べ物や飲み物もふるまわれます。

会社

仕事上のやりとり

さあ、仕事に取りかかろう（本題にかかろう）。

Let's get down to business.

Point 雑談などでも盛り上がっているときに、「さあ、そろそろ本題に入りましょう」という意味合いでも使われます。

これを大至急でお願いできますか？

Could you do this ASAP?

Point ASAPはas soon as possibleの略。「エイサップ」や「エイエスエーピー」などと発音します。ビジネスメールやチャットでも使われますが、カジュアルな表現なので使う相手には注意が必要です。

例 I'll get right on it.「すぐに取りかかります」

（仕事が）予定より少し遅れているみたいですね。

I think we're a little behind schedule.

Point behind scheduleは「予定・定刻より遅れている」という意味です。関連表現として、on schedule「予定どおり」、ahead of schedule「予定より早く、前倒しで」も一緒に覚えておくと便利です。

例 Are we on schedule?「予定どおりに進んでいる？」

この報告書の提出期限はいつですか？

When is this report due?

ダメ元でいいからこの企画を出してみようよ。

Let's give it a shot and pitch this proposal.

営業成績が伸び悩んでいます。

Sales have been sluggish.

関連 「どうやったら今月のノルマを達成できるかな？」
How can I meet my sales quota this month?

経費を増やしてもらおうよ。

Let's request more money for expenses.

この書類をシュレッダーにかけてください。

Please shred these documents.

Point shredは「細かく刻む」という意味。この１語で「（紙などを）シュレッダーにかける」ときに使います。

関連 「このページをプリントアウトしてください。」Print out this page, please.

両面コピーしてもらえますか。
Make two sided copies, please.
Point make a copyで「コピーを取る」という意味になります。
関連 「コピーを5部取らなくちゃ。」I need to make five copies.

A4用紙に合わせて縮小コピーを取る必要があります。
I need to shrink this so it fits on an A4 size paper.
言換え 拡大コピーを取る：**enlarge**

お客さん、ずいぶん怒っていたよ。何をしたの？
The customer was pretty upset. What happened?

なんとか丸くおさまったよ。
I've managed to smooth things over.

また契約が決まったらしいね。いいねえ。
I heard you got another contract. You're good.

課長にほめられました。
The department chief gave me a compliment.

明日のフォローアップ会議に出席できますか？
Are you available for a follow-up meeting tomorrow?
Point availableは、「予定に空きがある、会議に出られる」という意味で、スケジュール確認のときなどによく使います。
関連 「昼食後でしたら空いています。」I'll be available after lunch.

来週、都合のよい時間はありますか？
Is your schedule open anytime next week?
Point 打ち合わせや会議、あるいは友人との雑談などで幅広く使えるフレーズです。
類似 「いつだったら都合がいいですか?」When's convenient for you?

転勤・昇進

ポートランド支店に転勤が決まりました。
I'm being transferred to the Portland branch.

部長代理に昇進することになりました。
I got promoted to acting general manager.

ご栄転おめでとうございます。
Congratulations on your promotion.

彼はチームワークを取れる人だよ。
He is a team player.

同僚と雑談

管理職研修はどうだった？
How was the administrative executive training?

あれってセクハラ［パワハラ］じゃない？
Isn't that sexual[power] harassment?

仕事はどう？　順調？
How's work? Going well?

順調だよ。
It's alright.

まあまあかな。
So-so.

ちょっと困っているんだ。
I'm a little worried.

今日もまた残業で、ヘトヘトだよ。
I had to work overtime again today. I'm exhausted.

うちの会社も人手不足だからね。
We don't have enough manpower at this company.

ゆかりは、いつも定時に帰るね。
Yukari always leaves the office on time.

たまには会社のメンバーで飲みに行こうよ。
We should all go out for a drink together since we haven't in a while.

就職・転職・退職

これまで契約社員でしたが、来月から正社員として働くことになりました。
I'm currently a contract worker, but from next month I'll be full-time here.

彼は仕事を辞めたんだって？
Is it true he quit?

関連 「彼は今年の４月に転職したんだよ。」He switched jobs this April.

転職を考えているんだ。
I'm thinking of switching jobs.

Point 「独立する」は starting my own businessと言います。

お金

経済

仮想通貨の仕組みがよくわからないんだけど。
I don't understand how virtual currency works.

キャッシュレス化がどんどん進んでいますね。
Cashless payment is being used more widely.

景気が良くなっていると言われていますが、実感がないですね。
They say the economy is up, but I can hardly feel it.
Point 「景気が悪くなる」はthe economy is downと言います。

商売はどうですか？
How is your business going?

株が上がっている［下がっている］と言われても庶民には関係ないよね。
It doesn't matter to the average person if the stocks are going up[down].
関連 「ABC社の株が値上がりしているって。」I heard ABC's stock is rising.

増税という言葉を聞くだけでドキッとする。
Just hearing the words "tax increase" makes me nervous.

料金には消費税10%が含まれています。
The price includes the 10% consumption tax.

5月から電気料金や電話料金などが一斉に値上げされるそうです。
It looks like the electricity and phone bills will go up together starting this May.
Point 料金や給料が上がると言うときはgo upを使います。go up togetherで「一斉に値上がりする」という意味。

賃金・ボーナス

4月に昇給したよ。
My salary went up in April.

もうボーナスは出た？
Have you already gotten your bonus?

うん。自分へのご褒美に、ネックレスを買おうと思ってるよ。
Yes. I'm thinking of buying a necklace as a reward for myself.
Point reward for 〜で「〜へのご褒美／報酬に」という意味になります。

来年のフランス旅行のために、毎月貯金しているんだ。
I've been saving up every month for my trip to France next year.

うちの会社はお給料が安いよね。
At our company the salary is low.

私のパートの時給は1,200円です。
My part-time job pays 1,200 yen an hour.
関連 「このバイトは割がいいね。」This part-time job is relatively good.
Point 時給の直訳はhourly wageですが、会話では「pays＋金額＋an hour」を使うのが一般的です。バイトとパートタイムは、どちらもpart-time jobと言います。

家計

けっこう私、やりくり上手なのよ。
I'm pretty good at budgeting my money.
Point be good at 〜は、あとに動名詞が続いて「〜することが得意です」という意味になります。

うちの母は倹約家です。
My mother is good with money.
Point be good with moneyで「やりくりが上手である、倹約家だ」という意味です。My mother is thrifty.も同じ意味です。反対に「やりくりが下手である、浪費家だ」は、be bad with moneyと言います。

もっと節約したほうがいいよ。
You should save more.

今月は出費が多いな。
There are a lot of expenses this month.
関連 「やれやれ、給料日まであと千円しかないよ。」
Oh my god, I only have 1,000 yen left until payday.

ポイントカードやクーポンを使うとお得だよ。
It's beneficial to use point cards and coupons.

社会の動き

身近な話題

最近、気になるニュースはありますか？
Anything interesting to you in the news recently?

新しいiPhoneがもうすぐ発売されますね。
The new iPhone is coming out soon.

今年もインフルエンザが流行しはじめましたね。
The flu has started spreading this year too.

あの大物俳優の浮気、ゴシップ紙で読んだよ。
I read in the gossip paper about that big actor's affair.

社会・環境

少子高齢化が進んでいて、老後が心配です。
With the declining birth rate and aging population, I'm worried about retiring.

地球温暖化対策が世界規模で広がっていますね。
Countermeasures against global warming are being applied all over the world.

マイクロプラスチック問題で、私にもできることは何があるんだろう？
What can I do about the problem of microplastics?

人種差別はいまだに多くの国々で問題になっています。
Racism is still a problem in many countries.

Point 「人種差別」はracial discriminationとも言います。「男女差別」はsexual discriminationです。

AIの導入で、社会は大きく変わっていくのでしょうね。
The introduction of AI will change society significantly.

より多くの企業で、テレワークやリモート会議が盛んになってきています。
More and more companies are using telework and having remote meetings.

Point teleworkは「在宅勤務、テレワーク」、remote meeting「リモート会議」は通信回線を通して離れている人同士が会議を行うことを言います。

政治

私は（アメリカの）民主党支持者です。

I'm a Democrat.

Point　アメリカには民主党（Democrat）と共和党（Republican）の２つの大きな政党があります。日本のように厳しい入党審査や党員義務はなく、届け出を出せばその党に所属できます。

関連　「特に支持政党はありません。」I don't support any party in particular.

会社の帰りに、期日前投票をしてきました。

On the way home from work I voted early.

関連　「先週末、投票に行きましたよ。」I voted last weekend.

次の自民党の総裁は誰でしょうね。

Who do you think will be the next LDP president?

Point　LDPはLiberal Democratic Party「自民党」の略です。ちなみに、「与党」はruling party、「野党」はopposition partyと言います。

大統領の支持率は低下しました。

The approval rating for the president has declined.

Point　president「大統領」は国家元首、prime minister「首相」は国の行政の実務トップを指しますが、実際には国によって権限や役割分担は異なります。

保守党候補が収賄により逮捕されました。

The conservative candidate was caught taking a bribe.

Point　conservative「保守主義の」に対して「自由主義の」はliberalと言います。

科学・文化

新しいワクチンの開発が進んでいて、もうすぐ実用化されるようです。

The development of new vaccines is progressing and will be put to use soon.

介護ロボットの開発が急がれています。

The development of nursing robots is needed right away.

いろいろな分野でバーチャルリアリティ（VR）が活用されつつあります。

Virtual reality has started being used in various fields.

ノーベル物理学賞の候補に母校の教授が選ばれたんですよ。

A professor from my alma mater was nominated as a candidate for the Nobel Prize in physics.

子育て・介護

思いやり

どうぞお先に。ボタンを押さえていますから。〈エレベーターなどで〉
Please go ahead. I'm holding the button.

お手伝いしましょうか？
Can I help you?

横断歩道を一緒に渡りましょう。
Let's cross at this crosswalk together.

支えているので、ゆっくり歩いてくださいね。
I've got you, so you can walk slowly.
類似 「ゆっくりでかまいませんよ。」Take your time.

立つときは、その手すりをつかんでくださいね。
Grab the handrail to stand up.

荷物を持ちますよ。私に任せてくださいね。
I'll carry your luggage. Leave it to me.

ビルの入口の段差が気になったので、スロープをつけました。
I added a ramp because I was worried about the steps at the entrance of the building.

点字ブロックの上に立たないようにしようね。
Let's not stand on the Braille blocks.

妊娠・出産・育児

妻は妊娠５か月です。
My wife is five months pregnant.
関連 「（私は）妊娠中です。」I'm expecting. / I'm pregnant.

出産予定日はいつですか？
When's the due date?
関連 「出産に立ち会えますか?」Can I witness the birth?

（赤ちゃんが）おなかを蹴ったわ！
The baby just kicked!

母乳とミルクの混合育児です。
I'm feeding my baby both breast milk and formula.
Point ここでのformulaは母乳の成分に合わせた調合ミルクのことを言います。

夜泣きがひどくて、私は寝不足ですよ。
I don't get enough sleep because the baby cries a lot at night.

僕も短い育児休暇を取ろうと思います。
I'll take a short paternity leave too.
Point paternity leaveは父親が取る育休のこと。母親が取る場合はmaternity leaveとなります。

赤ちゃんは家中でハイハイしています。
The baby is crawling all around the house.

おばあちゃん似ですね。
She/He looks like grandma.

うちの子、歯が生えてきたのよ。
My baby is teething.
Point teethingはteethe「歯が生える」の現在分詞です。

介護サービス

祖母は介護が必要です。
My grandmother is in need of nursing care.

毎週月曜日に祖父はデイケアセンターに行きます。
My grandfather goes to an adult day care center on Mondays.
Point 英語でday care centerのみだと保育所も含まれるので要注意。

このことは、ケアマネジャーさんと相談しましょう。
Let's consult the care manager on this matter.

介護する方も休みが必要ですね。
Caregivers need rest as well.

寝たきりにならないように、適度な運動が必要ですよ。
You need moderate exercise to avoid becoming bedridden.

このスプーンは、指に力を入れなくても持てるんですよ。
You can hold this spoon without using so much pressure.

お見舞い

お見舞いの相談

入院中のおじいちゃんのお見舞いに行くつもりなんだ。
I'm going to the hospital to visit my grandfather.

Point ここでのbe going to ～は「～するつもりである」という意味で使われます。be planning to ～「～する予定を立てている、～するつもりだ」と言い換えてもいいでしょう。

トムがサッカーで骨折して入院したんだって。
Tom was hospitalized after he broke a bone playing soccer.

一緒にお見舞いに行かない？
Do you want to go visit him?

Point Go visit (someone) at the hospitalで「入院中の（人の）お見舞いに行く」という表現になります。

病院のコールセンターで

ご面会ですか？
Are you visiting someone?

妹の面会にきました。（妹の名前は）ユキエ・シモンズです。
I'm here to see my younger sister, Yukie Simmons.

シモンズさんのお部屋は213号室です。
Mrs. Simmons is in room 213.

今、検査中です。
She's having a test done.

面会時間は7時までです。
Visiting hours are until seven o'clock.

スミスさんは、集中治療室に入っています。
Ms. Smith is in the ICU.

ご親族の方以外は病室に入れません。
No visitors are allowed except for immediate family members.

Point この場合のimmediateは「（関係などが）ごく近い、近親の」という意味です。

病室で

あなたの顔を見ることができて、ホッとしましたよ。

I'm so relieved to see you.

なんと言ったらいいのかわからないけど、あなたのことが心配で来ました。

I don't know what to say, but I am here and I care about you.

Point care about ～は「～を気にかける、～を心配する」という意味です。

顔色が少し良くなったね。

You've got a little more color in your face.

関連 「顔色が悪い(青ざめて見える)ね。」You look pale.

具合はどう?〈病み上がりの人に〉

How are you feeling?

類似 「少しは良くなった?」Are you feeling better?

食欲が出てきた(戻ってきた)よ。

My appetite is coming back.

言換え 聴覚:**hearing**　嗅覚:**sense of smell**　視覚:**vision**

病院の食事はどう?

How's the hospital food?

うーん、うんざりしているよ。すぐにここから出たいよ!

Ugh, I'm sick of it. I'll be out of here in no time!

持ってきてほしいものはある?

Is there anything you want me to bring?

漫画本でも持ってきてくれると気晴らしになるかも。

Comic books might cheer me up.

上司がお見舞いの品を贈ってくれました。

My boss sent me a get-well present.

Point get-well presentはget-well giftとも言います。カードや花や食べ物、子どもなら風船、おもちゃなどを贈ることが多く、病院でも売っています。

退院はいつ頃になりそう?

When can you leave the hospital?

早く良くなってね!

Feel better soon!

Point お見舞いカードにも書かれていることがあります。

役所

窓口で

パスポートの申請手続きで、都庁まで行ってきます。
I will go to the Tokyo Metropolitan Government Office to apply for a passport.

Point 東京都庁はTokyo Metropolitan Government (Office)ですが、簡単にTokyo city hallと言ってもよいでしょう。県庁はprefectural governmentと言います。「千葉県庁」と言いたいときはChiba Prefectural Governmentとなります。

住民票の写しを１通欲しいのですが。
I need a copy of my certificate of residence.

私たちは婚姻届をもらいに来ました。
We're here to get a marriage registration.

Point marriage registration は、marriage license と呼ばれることもあります。

私たちは市役所に婚姻届を提出しに行きます。
We'll go to city hall to have our marriage registered.

この申請はこちらの窓口ではなく、３番窓口に出してください。
Please submit that application at window number three, not this window.

写真付きの身分証明書を何かお持ちですか？
Do you have any photo ID?

Point パスポートや運転免許証といった写真付きの証明書をphoto IDと言います。IDはidentificationの頭文字で、「本人確認、身分証明書」という意味です。アメリカの空港では、セキュリティチェックを受けるときや、航空券を提示するときに必ずこのように聞かれます。日常の場面でも、大型スーパーでの買い物やクレジットカードを使うときなどに聞かれます。

番号札を取って、いすに掛けてお待ちください。
Please take a number and have a seat.

関連 「番号が呼ばれるまでお待ちください。」
Wait for your number to be called.

証明書１通につき300円の手数料がかかります。
A fee of 300 yen will be charged for each certification.

こちらの記入用紙に署名と日付をご記入ください。
Please sign and date these forms.

Point　signは動詞、signature「署名」は名詞です。autographは、野球選手などの有名人に「サインをください」と言うときに使います。また、formやapplicationはいろいろな項目に記入する書類のことで、より広い意味での「書類／用紙」というときは、paperやdocumentを使います。

届け出の相談

娘の転校届けを出したいのですが、やり方がわかりません。
I want to submit a transfer notice for my daughter, but I don't know how to do it.

保育園の申し込みには、何が必要ですか？
What do I need to apply for this daycare center?

転入届け（住所変更の手続き）を出すにはどうしたらいいですか？
How can I submit an address change notice?

本人が手続きに行けない場合にはどうしたらいいですか？
What do I do if the person can't come?

本人以外の方が届ける場合には委任状が必要です。
An authorization letter is required if someone else submits it.

この書類にどう記入したらいいかわからないよ。
I don't know how to fill out this form.

わからなかったら、窓口の人に聞いたほうが早いよ。
If you don't understand something, it's faster to ask the person at the counter.

書類が足りなかったので、もう一度大使館に行かないといけないんだ。
I didn't have all the documents, so I have to go to the embassy again.

国際運転免許証を更新したいのですが。
I need to renew my international driver's license.

私の申請は認められませんでした。
My application was denied.

銀行

窓口で

普通預金の口座を開きたいのですが。

I'd like to open a savings account.

Point 英語でも口座を開くときは、openを使います。アメリカの口座には、savings account「普通預金口座」とchecking account「当座預金口座」があります。checking accountでは、デビットカードや小切手の支払い、公共料金の払い込みが行えます。なお、イギリス英語でsavings accountは定期預金口座のことです。

大学の授業料の送金（振り込み）をしたいのですが。

I would like to transfer some money for my university tuition fees.

Point 「電信送金」はwire transfer、「ネット送金」はonline transferと言います。

今日は、5,000ドルを預金したいのですが。

I want to deposit 5,000 dollars today.

Point depositは「預金」という名詞としても使います。物品の借用やホテル宿泊の際の「手付金、保証金（を払う）」という意味もあります。

お金を引き出したいのですが。

I'd like to make a withdrawal.

▶ お札の組み合わせはどうしますか？

How would you like the money?

全て50ドル札でお願いします。

All 50 dollar bills, please.

関連 「20ドル札で200ドル分と、残りは10ドル札でください。」
I'd like 200 dollars in 20 dollar bills and the rest in tens.
「もう少し小さなお札でいただけますか？」
Could you give me some smaller bills, please?

残高はいくらですか？

Could you tell me my balance, please?

クレジットカードの手数料について教えてください。

Please explain the credit card fees to me.

ATMでお金の引き出す方法を教えていただけますか？
Could you show me how to withdraw cash from the ATM?

外貨はどこで両替できますか？
Where can I exchange foreign currency?

関連 「こちらの窓口で、このお金を両替できますか?」
Can I exchange this currency at this window?

ATMで残高照会する必要があるのですが。
I need to check my balance at the ATM.

預金伝票が必要なのですが。
I need a deposit slip.

Point 発行窓口で出入金するときには、カウンターに置いてあるdeposit slip「預金伝票」やwithdrawal slip「払出伝票」に記入します。銀行には必ずマネージャーがいて親切に教えてくれます。口座を開くときはカスタマーサービスが対応してくれます。

困ったときに

ATMの暗証番号を思い出せないんです。
I can't remember my ATM PIN.

Point ATMはAutomatic Teller Machine、PINはPersonal Identification Numberの頭文字です。

どうしよう！　キャッシュカードをなくしちゃった。
Oh my gosh! I've lost my bank card.

関連 「私の通帳が見つからないんです。」I can't find my bank book.

すぐに銀行に連絡したほうがいいよ。
You should contact the bank right away.

暗証番号を何度も間違えてタッチしてしまいました。
I typed in the wrong PIN too many times.

関連 「こちらで解除手続きを完了していただけますか?」
Can you complete the cancellation here?

利用明細に不審な請求があるのですが。
There has been some strange activity in my account history.

担保が足りないのでローンは組めないと銀行に言われました。
I was denied a loan because the bank said I didn't have enough collateral.

郵便局・宅配便

この小包を日本まで送りたいのですが。
I want to send this parcel to Japan, please.

Point parcelはpackageと言ってもよいでしょう。

この荷物はどのように送りますか？　航空便それとも船便ですか？
How would you like to send this package? By air or by freight?

Point How would you like to ～?は、How do you want to ～?の丁寧な表現です。いくつかある選択肢の中から、「どれにしたいですか?」「どのようにしたいですか?」と尋ねるときに使います。freightは「船荷」のこと。by freightで「船便で」という意味になります。

エアメールで（日数は）どのくらいかかりますか？
How long does it take by airmail?

速達で送りたいのですが。
I'd like to send this by express mail.

送料はいくらですか？
How much is shipping?

Point How much ～?「～はいくらですか?」は、ものの値段を尋ねるときの決まり文句です。

類似 「エアメールではいくらかかりますか?」How much is it for airmail?
「スペインへはがきを送ると、いくらになりますか?」
How much does it cost to send a postcard to Spain?

これを送るのに、いちばん安い方法は何ですか？
What is the cheapest way to send it?

Point 「いちばん早い方法」と言うときは、the cheapestの代わりにthe fastestと言います。

160円分の切手をお願いします。
I'd like 160 yen worth of stamps, please.

梱包用の段ボールが欲しいのですが。
I'd like a cardboard box for packaging.

荷物の中に、腐りやすいものや壊れやすいものは入っていますか？
Are there any perishables or fragile items inside?

第13章

トラブル・災害

トラブルに遭遇
紛失・盗難
病気・けが
災害

トラブルに遭遇

助けを呼ぶ

困っています。
I'm in trouble.

助けて、助けてください!
Help, help me!

緊急です!
Emergency!

お巡りさん!
Police! Police!

危ない、伏せて!
Watch out, duck!

逃げて!
Run!

ひき逃げだ! 車のナンバーを見て!
That's a hit and run! Get the plate number!

警察・消防署への連絡

お巡りさん[警察]を呼んで!
Call the cops[police]!

Point copは警察官を意味するアメリカの俗語です。イギリスではbobbyと言います。a police officerあるいはa policeman / a police womanという言い方もあります。

救急車が必要だ。911に電話して!
He/She needs an ambulance. Call nine one one!

Point アメリカの緊急通報は、救急も警察も911です。

火事だ! 消防署に電話して。
Fire! Call the fire department.

車で事故を起こしてしまいました。
I got in an car accident.

Point I had a car accident. とも言います。

盗難

待て! 泥棒!
Stop! Thief!

Point thiefはこっそり持ち去る泥棒で「かっぱらい」のイメージです。なお、robberは脅しや暴力で奪い取る「泥棒、強盗、おいはぎ」を指します。

彼［彼女／彼ら］を捕まえて！
Get him [her/them] !

あの男が私の札入れを盗んだんだ！
That guy stole my wallet!

Point stoleはsteal「盗む」の過去形です。steal は不規則活用する動詞で、steal →stole → stolenと活用します。ほかにもmug「（強盗が）人を襲う、奪う」、break into「（建物に）侵入する」といった表現が使われます。

警察は彼女を万引きで捕まえたよ。
The police caught her shoplifting.

撃退表現

だめ！／イヤです！
No! / Never!

あっちへ行って！
Go away!

やめて！
Stop it!

邪魔しないで！
Don't bother me!

私にかまわないで！
Leave me alone!

放して！
Let me go!

緊急時の声掛け

大丈夫ですか？
Are you all right? / Are you OK?

どうしましたか？
What's the matter?

聞こえますか？
Can you hear me, [sir /ma'am]?

どこが痛みますか？
Where does it hurt?

ひどく痛みますか？
Does it hurt a lot? / Is the pain very bad?

ここで横になってください。
Lie down here.

紛失・盗難

無くし物

ここで黒い革のハンドバッグを見ませんでしたか？
Did you see a black leather handbag here?

遺失物取扱所はどこですか？〈デパートなどで〉
Where is the lost-and-found?

すみません、札入れを無くしてしまいました。
Excuse me, I've lost my wallet.

どこで無くしたかわかりません。
I don't know where I left it.

いつ、それを無くしたんですか？
When did you lose it?

関連 「どんな札入れですか？」What does the wallet look like?
「財布には何が入ってましたか？」What was in your wallet?

見つかったら教えてください。
Please let me know if you find it.

一応、警察にも連絡しておきますか？
Do you want to contact the police just in case?

タクシーにバッグを置き忘れました！
I left my bag in the taxi!

タクシー会社の電話番号はわかりますか？
Do you know the taxi company's phone number?

トイレに携帯電話を忘れてきちゃった。
I left my phone in the toilet.

すぐに取りに行ってきなよ。待っているから。
Hurry up and get it. I'll wait.

なかったよ。どうしよう。
It wasn't there. What should I do?

あった！　よかったあ！
Got it! Phew!

盗難・防犯

警察の者ですが、どうされました？
I'm a police officer. What happened to you?

バスの中で札入れをすられました。
My wallet was pickpocketed on the bus.

誰かにハンドバッグを盗まれました。
Someone took my handbag.

空き巣に入られて、通帳と現金を取られました。
Someone broke into my house and stole my bank book and cash.

ほかに盗られたものはありませんか？
Was anything else stolen?

はい、ありません。キャッシュカードは無事でした。
No, there wasn't. My cash cards are fine.

調書を作りますので署まで一緒に来ていただけますか？
Would you mind coming down to the station to file a report?

夜は雨戸を閉めたほうがいいね。
We should put the shutter down at night.

私たち、常夜灯と防犯カメラも設置しました。
We also installed floodlights and security cameras.

念には念を入れたほうがいいよね。
You can never be too careful.
関連 「安全はお金に換えられないよね。」You can't buy safety.

バッグは斜め掛けにしてるんだ。
I wear my bag diagonally.

遅くならないように帰ってきなさいよ。
Come home before it gets too late.

バスに乗り遅れたら、電話をちょうだい。駅まで迎えに行くからね。
If you miss your bus, give me a call. I'll pick you up from the station.

病気・けが

体調を崩す

具合がよくありません。
I don't feel well.

Point　I feel sick.（→P.67）も同じ意味で使えます。feelは症状を伝えるときによく使われる表現です。

関連　「寒気がします。」I feel cold. /「だるいです。」I feel sluggish.

風邪が治らないんだよね。
I can't get rid of this cold.

Point　get rid of ～で「～を取り除く」という意味です。

お医者さんに診てもらったほうがいいよ。
You should see a doctor.

Point　go see a doctor / go to a doctor / visit a doctorも同じ意味です。

病院に行きたいんです。
I want to go to the hospital.

うまく歩けないんだ。
I can't walk well.

Point　can't ～ well で、「私は、うまく～できない」という意味。

関連　「味がよくわかりません。」I can't taste well.
「よく聞こえません。」I can't hear well.
「においがよくわかりません。」I can't smell well.
「よく見えません。」I can't see well.

症状を伝える

I have + 名詞　（私は［　　］です。）

a stomachache：胃が痛い
a headache：頭が痛い
a backache：背中・腰が痛い
a cold：風邪を引いた
the flu：インフルエンザにかかった
a sore throat：のどが痛い
a stiff neck：肩が凝っている
diarrhea：下痢をしている
the chills：寒気がする
a runny nose：鼻水が出る

顔が赤いよ。(体温は) 何度あるの?
Your face is red. What's your temperature?

ちょっと熱があるみたい。体温計はどこかなあ。
I have a slight fever. Where can I find a thermometer?

38.5度もあるじゃない!
It's 38.5 degrees!

ここで休んでいて。病院に連絡するから。
Rest here. I'll call the hospital.

もしもし、テイラー先生の予約を取りたいのですが。
Hello. I'd like to make an appointment with Dr. Taylor.

Point アメリカでは、医療機関にかかるときは予約するのが基本です。

医者にかかる

診察をお願いします。〈受付で〉
I need to see a doctor.

▶ 何科にかかりたいのですか?〈予約していないとき〉
What section would you like to go to?

内科の先生をお願いしたいのですが。
I'd like to see an internal medicine doctor.

Point doctor「医師」も、専門の科によって呼び方があります。わからないときは、体の部位をdoctorの前につけて、bone doctor / skin doctor / eye doctorなどと言うとよいでしょう。

▶ 健康保険証をお持ちですか?
Do you have your health insurance card (with you)?

▶ どうしましたか?
What seems to be the problem?

WORDS ❖ 診療科の名前

内科医	physician	小児科医	pediatrician
外科医	surgeon	整形外科医	orthopedist
耳鼻咽喉科医	ear-nose-and-throat doctor	歯科医	dentist
アレルギー専門医	allergist	皮膚科医	dermatologist

頭がすごく痛いです。

I have a severe headache.

Point この場合のsevereは程度が重いことを表し「(痛みが) 激しい、強い」という意味で使われています。痛みが軽いときはslightを使います。

息苦しさを感じます。

It's hard to breathe.

膝が痛いです。

My knee hurts.

Point 「My+痛い部位+hurt(s)」はどこが痛いかを伝える表現です。

関連 「(片方の) 耳が痛いです。」 My ear hurts.

足首をねんざ [骨折] しました。

I sprained[broke] my ankle.

歩くと痛いです。

It hurts to walk.

Point It hurts to ～で「～すると痛い」という意味です。It hurts when I ～と言っても同じ意味になります。

関連 「腕を曲げると痛いです。」 It hurts when I bend my arm.

何か薬は飲んでいますか?

▸ **Are you taking any medications?**

何かアレルギーはありますか?

▸ **Are you allergic to anything?**

Point Do you have any allergies? でも同じ意味です。

アスピリンのアレルギーがあります。

I'm allergic to aspirin.

言換え 抗生物質:**antibiotics**　スギ花粉:**cedar pollen**

Point 答えるときは、例文のようにI'm allergic to ～と言うか、I have an allergy to ～「～のアレルギーがある」と言います。

血液検査をしましょう。

▸ **I'd like to run a blood test.**

Point runは「(実験などを) 行う、検査する」と言うときにも使います。

処方箋を出しておきますね。

▸ **I'll give you a prescription.**

WORDS ❖ 体の部位

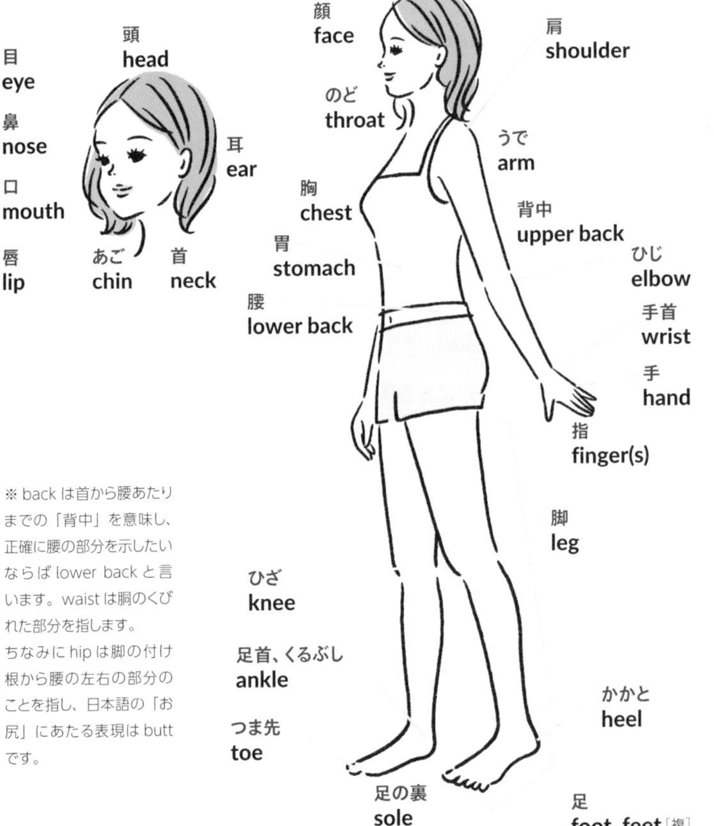

※ back は首から腰あたりまでの「背中」を意味し、正確に腰の部分を示したいならば lower back と言います。waist は胴のくびれた部分を指します。
ちなみに hip は脚の付け根から腰の左右の部分のことを指し、日本語の「お尻」にあたる表現は butt です。

「1 から 10 まで」を使った表現

英語では、気持ちや痛みといった心や体の感じ方を 10 段階で表現することがよくあります。たいてい、感じ方が強くなるに従って数字も大きくなります。病院で痛みを伝えたいときは、さほど強くない痛みを 1、激痛を 10 と仮定します。

例 On a scale of 1 to 10, how bad is your pain?
「痛みは、1 から 10 の間でどれくらいかな？」

It's an 8 Doc! I can hardly walk!
「8 です、先生！　歩くのは無理！」

災害

防災

防災マニュアル本を買ったんだ。
I bought a disaster prevention manual.

災害用持ち出し用バッグには何を入れておくといいの？
What should I put in a disaster emergency bag?

救急セットと緊急時の連絡先は必ず入れてくださいね。
Make sure you don't forget a first-aid kit and emergency contact information.

電池の買い置きは十分にある？
Do you have enough batteries?

家具の転倒防止はやっておいたほうがいいよ。
You should try to prevent furniture from falling over.

１週間分の食料と水を備蓄しておくべきだね。
We should prepare a week's supply of food and water.

Point　a week's supplyで「1週間分の備蓄」という意味になります。
関連　「中身の消費期限にも気をつけてね。」
Pay attention to the expiration dates on the items.

もし何かあったら、小学校に集まろうね。
If something happens, let's meet up at the elementary school.

この地震の規模はマグニチュード7.2だって。
It was a magnitude 7.2 earthquake.

関連　「まだ余震が続くらしいから気をつけたほうがいいね。」
Aftershocks are predicted to continue, so we'd better be careful.

注意喚起

台風のため、外へ出るのはたいへん危険です。
It's too dangerous to go out because of the typhoon.

情報をもっと入手するために、ラジオを聴きましょう。
Let's listen to the radio for more information.

ガス（コンロ）を止めて。
Turn off the gas.

停電だ！
It's a blackout!
関連 「電気はいつ復旧しますか？」When will the power come back on?

テーブルの下に入って！
Get under the table!

避難

指示があるまで、その場で待機してください。
Stay there until further notice.

ついてきてください。足元に気をつけて。
Follow me. Watch your step.
Point とっさのときにはWatch out!「気をつけて！」もよく使います。例えば、自動車の接近に気づかず道路を渡ろうとする人に声掛けする、などといった具合です。

落ち着いてください。
Take it easy. / Take your time. / Calm down.

緊急避難所に行きましょう。
Let's go to the emergency shelter.
Point アメリカのモール（大型ショッピングセンター）には、竜巻などから避難するためのシェルターがあります。

みんな建物から出ましたか？
Is everyone out of the building?

けがをしている人はいませんか？
Is anyone hurt?
関連 「困ったことはありませんか？」Do you need any help?

WORDS ❖ 災害

噴火	volcanic eruption	津波	tsunami
吹雪	blizzard	台風／ハリケーン	typhoon / hurricane
雪崩	avalanche	洪水	flood
竜巻	tornado	森林火災	forest fire
避難する	evacuate	避難訓練	evacuation drill

執筆協力　**アーロン・カイズ**
アメリカ合衆国コネチカット州出身。イースタン大学（ペンシルベニア州）卒業。メディア研究、コミュニケーション学専攻。大学卒業後、幼稚園から高校までの臨時教員として、全教科の教科指導、学級指導を経験。2007 年来日。小・中学校で ALT（外国語指導助手）を経て、現在も教育現場で音楽や英語教育指導に携わる。メディア教育にも関心を持ち、幼児向け音楽レーベル Emme Town のすべての楽曲制作を手掛けている。著書に『話す自信がつく！ きほんの日常英会話』（池田書店）。

石川祥子（いしかわ しょうこ）
群馬県立女子大学国際コミュニケーション学部卒業。学校現場での通訳・コーディネーターを経て、音楽 CD 解説などの翻訳に携わる。

編集協力	松井美奈子（編集工房アモルフォ）
カバー・扉デザイン	bitter design
本文デザイン・DTP	松井孝夫（スタジオ・プラテーロ）
本文イラスト	別府麻衣
本文校正	田中典子、村上理恵

伝えたい言葉がすぐ見つかる
日常英会話フレーズ

編者	池田書店編集部
発行者	池田士文
印刷所	萩原印刷株式会社
製本所	萩原印刷株式会社
発行所	株式会社池田書店

〒162-0851　東京都新宿区弁天町 43 番地
電話 03-3267-6821(代)／振替 00120-9-60072

落丁・乱丁はおとりかえいたします。

©K.K. Ikeda Shoten 2020, Printed in Japan
ISBN978-4-262-16983-5

本書のコピー、スキャン、デジタル化等の無断複製は著作権法上での例外を除き禁じられています。本書を代行業者等の第三者に依頼してスキャンやデジタル化することは、たとえ個人や家庭内での利用でも著作権法違反です。

20000008